AF347221

# DISCOURS

## SUR L'ART

### DE

## NEGOCIER.

### A PARIS,

Chez NYON fils, Quai des Augustins,
près le Pont saint Michel,
à l'Occasion.

M. DCC. XXXVII.

*Avec Approbation & Privilege du Roi.*

# EPITRE
# AU ROI.

IRE,

*Témoin des principes*
*respectables du Régne de*

VOTRE MAJESTÉ, *je puis mieux qu'un autre en publier la grandeur & la sagesse.* VOTRE MAJESTÉ *n'a armé son bras, que lorsqu'Elle l'a crû nécessaire pour affermir la tranquillité publique, dont les fondemens étoient ébranlés de toutes parts, & la même main qui a frapé rend la Paix à l'Europe.*

*Ce moment si flateur pour* VOTRE MAJESTÉ, & *si illustre pour son Regne, m'a paru celui que je devois choisir, pour mettre au jour les fruits d'une assés*

grande expérience, & d'un
long ufage de réfléchir, &
de méditer fur la conduite
des affaires. J'ai crû,
SIRE, que ce Traité fur
l'Art de la Negociation
aïant pour objet d'en inf-
pirer le goût à la Nation,
& de lui apprendre à mé-
riter l'honneur de repréſen-
ter VOTRE MAJESTE',
auroit un effet certain, lorſqu'il paroîtroit fous ſes auſ-
pices, & avec les caracté-
res de fon approbation.

Ses Sujets y verront ce
qui peut les rendre capables
d'un miniftere ſi élevé ;

ils apprendront la maniere dont VOTRE MAJESTE' veut être servie, & ils connoîtront combien il faut de vertus, pour représenter dignement un Prince qui en est le modéle.

Je suis, avec le plus profond respect,

SIRE,

DE VOTRE MAJESTE',

Le très-humble, très-obéïssant,
& très-fidéle serviteur & sujet,
PECQUET.

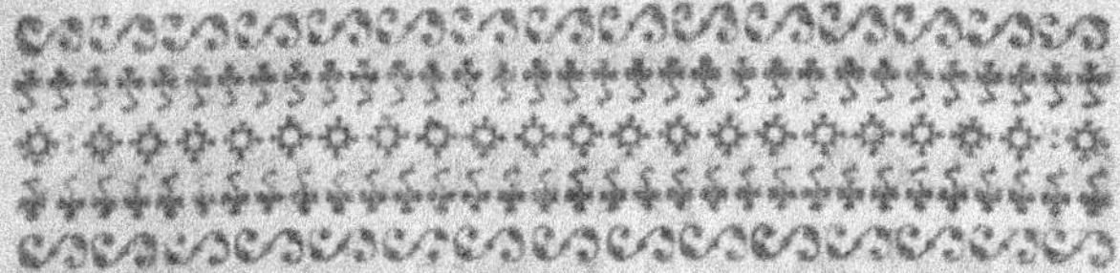

# PREFACE

## *Sur le Discours de l'Art de Negocier.*

LEs hommes ont fait, pour ainfi dire, de l'u-
fage de la focieté, une ef-
péce de negociation continuelle. Comme il y a des dif-
férences néceffaires entre tous
les états, & que dans ceux mêmes que l'on eftime égaux, il
y a un commerce journalier
d'objets, de vues & de défirs,
il n'y a perfonne qui n'ait, ou
qui ne croïe avoir befoin

d'autrui . De-là naît cette espéce de negociation universelle dont on vient de parler.
On veut plaire à l'un, ou inti-
mider l'autre ; on en cherche
les moïens. On veut favoriser
son ami, ou desservir son ennemi : on fait envisager des
espérances à quelqu'un pour
en obtenir plus facilement ce
que l'on désire ; on s'étudie à
faire valoir certains objets ,
on prend certaines tournures
pour ne déveloper ses vues
qu'à propos, & d'une maniere qui en facilite le succès. On
tâche enfin de connoître le
foible des hommes pour déterminer la maniere de leur
parler dans l'occasion, ou de vi-

vre avec eux habituellement.
Tout homme qui voudra fe
rendre fidélement compte de
fa vie, conviendra avec lui-
même que c'eft-là l'occupa-
tion qui en remplit ordinairement le cours. Et cette pro-
pofition ne fuppofe pas même que les hommes foient
toujours & néceffairement
conduits par des vues d'intérêts particuliers, puifque ceux
mêmes qui feroient des intéreffés
dans leurs démarches, ont befoin de cette même étude
dans le feul objet de la focieté.
Un homme me paroît tel que
je crois en pouvoir fans intérêt faire mon ami, mon premier mouvement eft de le

connoître & de le déveloper entierement, afin d'apprendre le chemin de lui plaire & de lui inspirer pour moi le même goût que je crois sentir pour lui. Tout est donc, pour ainsi dire, commerce, ou negociation dans la vie, même entre ceux qui seroient supposés n'avoir rien à craindre ni à esperer les uns des autres.

Qui ne concluroit pas de-là que tous les hommes, ou du moins la plûpart, sont propres à la negociation publique? Les hommes se ressemblant en tout Païs, la maniere de traiter avec eux semble devoir être uniforme, & l'habitude

de manier des intérêts particuliers facilement applica-
ble aux intérêts publics. Rien
cependant ne seroit plus faux
que cette opinion , & je la re-
garderois dans les hommes
qui se donnent à la negociation publique , comme un obstacle au succès des choses qui
leur seroient confiées. Tel en
effet , pour me servir d'une
comparaison assés juste , quoique dans un genre opposé, seroit capable de commander
un certain nombre d'hommes,
qui ne le fera pas de conduire
une armée. Tel esprit est facilement en proportion avec un
certain nombre de combinaisons , qui ne suffira pas , ou

Compa-
raison sur
la diffé-
rence des
talens
dans l'art
militaire.

suffira difficilement à une plus grande étenduë d'idées. Tel sera bon Général dans un Païs qu'il connoîtra, qui fera des fautes essentielles dans un autre qu'il n'aura pas étudié. Il en est de même de l'art de negocier. La conduite des affaires particulieres exige moins de connoissances que celle des affaires publiques ; la combinaison des intérêts particuliers a moins de branches, que celle des intérêts publics. On connoît plus facilement les hommes de sa Nation, qui n'ont pas toujours intérêt de se cacher, que des Etrangers qui se font un principe d'être sans cesse en garde, & de ne

*Application de cette comparaison à l'art de negocier.*

se montrer que tels qu'ils veulent paroître.

En matiere d'affaires publiques, les hommes qui sont revêtus de l'emploi de Minis-Conduite des Negociateurs.tres agissent de même que deux armées en présence, qui s'observent exactement, & qui emploïent toute sorte de précautions pour n'être point surprises. Heureux quand de cet ordre de précaution, qui est raisonnable en soi, on ne va pas jusqu'au dangereux usage de se servir de ses talens pour tromper les autres, & les surprendre ! Ç'a été souvent l'écueil de beaucoup de Negociateurs, qui ont ignoré, ou voulu ignorer qu'on peut, sans le secours de la fausseté, servir bien son Maître & sa Patrie.

Il est vrai que si le grand usage du monde ne suffit pas pour rendre les hommes propres à la negociation publique, il leur peut au moins donner, pour y réussir, quelque sorte d'avantage sur ceux qui ne sont pas sortis de l'obscurité du Cabinet, & qui doivent par conséquent être éblouis du grand jour, lorsqu'ils commencent à représenter sur le Théatre du Monde.

Il est naturel qu'ils soient souvent embarrassés de la maniere de placer les démarches qui font partie des devoirs de la vie civile, parce qu'il ne suffit pas toujours de faire usage des talens acquis par l'étude, & que la maniere d'en faire usage, laquelle s'apprend uniquement par la fréquentation des hommes, contribue autant que le fonds du sçavoir même au succès des affaires.

Les qualités nécessaires à un Negociateur sont aujourd'hui plus difficiles à réunir qu'elles ne l'étoient autrefois, parce que les intérêts réels, ou prétendus des Princes, ou plutôt les combinaisons des mêmes intérêts, se sont multipliés, pour ainsi dire, à l'infini, & que l'usage de résider long-tems dans un Païs sans aucun objet de negociation est assés moderne. Une lecture attentive de l'Histoire ancienne démontre cette vérité. Les Ambassades ou Députations n'étoient le plus souvent que momentanées, elles n'avoient que des objets passagers. On alloit simplement répeter une possession usurpée, ou demander justice d'une injure reçue, ou solliciter l'alliance d'un Souverain, pour un fait actuel & présent. Il suffisoit de bien sçavoir les preuves de son droit, on les exposoit naturellement, & presque sans art. Les réponses se donnoient de même ; la negociation n'avoit qu'un terme fort court. Le Ministre, ou revenoit satisfait, ou an-

nonçoit

*Maniere de negocier des Anciens, différente de celle des Modernes.*

nonçoit la guerre au Prince de qui il ne recevoit pas la sa-tisfaction qu'il avoit été char-gé de demander. On negocie aujourd'hui bien différem-ment. Des années entieres suffisent à peine pour conve-nir d'une affaire souvent fort simple dans le fonds. Mille rai-sons bonnes ou mauvaises contribuent à en prolonger le cours, & c'est souvent en cela qu'on fait consister le talent du politique.

Si autrefois on n'avoit rien à negocier avec un autre Prin-ce, on vivoit communément de part & d'autre sur la foi pu-blique, sans communication plus particuliere. Aujourd'hui c'eſt un point de politique d'avoir des Miniſtres réſidens dans les Cours mêmes où l'on n'a rien à negocier : De-là naît la néceſſité qu'un Miniſtre ait auſſi tous les talens propres à la ſocieté. Quelque ſcience qu'il ait d'ailleurs, s'il a manqué dans la partie des devoirs de la ſocieté, il réſulte du peu d'opinion & de ſatisfaction que donnent ces ſortes de fautes, des obſtacles au ſuccès des choſes qui auroient peut-être réuſſi, ſi le negociateur avoit eu d'autres talens que ceux d'homme de cabinet.

*Uſage qui rend les talens de la ſocieté neceſſaires à un negociateur.*

Malgré ces difficultés qui naiſſent de la choſe même, il y auroit cependant autant de

bons negociateurs dans notre nation que dans toute autre, si les peres de famille se
donnoient la peine d'élever
leurs enfans dans cette vue.
Sans vouloir tomber dans
une partialité que tout Ecri-
vain doit éviter, il est certain
que notre nation produit un
grand nombre de gens d'esprit, & qui joignent à beaucoup d'agrémens, une grande
sagacité ; mais ces talens naturels ou sont obscurcis par les
défauts qui naissent de l'inap-
plication, ou sont appliqués à
des objets totalement étrangers à la profession de negociateur. Une pratique contraire
dans les autres Nations leur

Raisons<br>de la rare-<br>té des su-<br>jets pro-<br>pres à la<br>negocia-<br>tion.<br><br>Condui-<br>te des E-<br>trangers différente de la nô- tre à cet égard.

fait retrouver par l'étude & l'é- ducation des avantages dont la nature a été du moins au- tant ou plus liberale envers nous.

Préjugé de la Na- tion sur l'état de negocia- teur.

Les peres de famille ne font point accoutumés à regarder l'état de negociateur , com- me un état décidé ; il leur pa- roît trop peu ftable , & trop dépendant d'une volonté é- trangere ; de-là vient qu'ils ne penfent point à y deftiner au- cun de leurs enfans. Impa- tiens de les placer, & de les occuper, fuivant l'ufage, à des fonctions dont ils n'ont pas eu le tems d'apprendre l'impor- tance & l'étendue ; effraïés d'ailleurs du long apprentiffa-

ge qu'exige l'art de negocier,
ils lui préferent un état defini,
& que la vénalité moderne de
toutes les charges met à leur
portée : enforte que l'état de
negociateur femble être de-
venu comme la reffource de
ceux qui n'aïant point de fortune, embraffent un état au
hazard. Eft-il étonnant que fur
de femblables principes on ne-
glige toute étude qui pouroit
rendre un jeune homme propre à la negociation ?

Cependant ces prétendus
principes n'ont d'autre fondement que l'opinion commune;
car s'il eft certain, comme on
l'expliquera dans la fuite, que
la negociation eft une des

Raisons contre ce préjugé.

parties les plus essentielles pour les Etats, il faut avouer qu'y aïant aujourd'hui un usage de negocier continuellement existant, l'état d'un homme qui auroit les principales qualités convenables, seroit un état solide, & réellement désirable. La faute en est donc aux hommes, & non à la chose considerée en elle-même. Il est vrai qu'on y dépend beaucoup du goût, ou de la volonté des Superieurs, mais il n'est en ce point question que du plus ou du moins, parce qu'il n'y a point d'état, où l'on soit sans dépendance. Et s'il y a quelques inconvéniens dans celui-ci, ces inconvéniens font bien compenfés par les agrémens & par les avantages qui y fontattachés, ou qui en réfultent.

Ce n'eft point ici le langage d'une prédilection outrée pour un métier que j'avoue qui m'eft cher ; c'eft en Citoïen que je parle. J'ai toujours regardé comme une chofe préjudiciable & honteufe à ma Nation, que le défaut d'éducation, ou un injufte préjugé dans les peres de famille, nous laiffent inférieurs en ce genre aux autres peuples qui nous donnent des exemples bien différens.

Chez les Errangers, le cours des études eft plus long, &

renferme par conséquent plus d'objets d'application. La connoissance de l'Histoire & celle du droit entre les hommes en font une partie principale ; & quand les jeunes gens ont pris le goût du Cabinet, ou du moins qu'ils ont fourni la carriere ordinaire des études, on regarde comme un point essentiel de les retirer des préjugés de leur patrie, en les faisant voïager. C'est ainsi qu'ils



peuvent apprendre à vivre avec les hommes, & acquerir cette flexibilité d'esprit nécessaire pour s'approcher du genie des Nations qui toutes ont leur caractere propre. Ces jeunes Etrangers, en venant

dans notre Païs avec une forte de préference, font leur
éloge autant que le nôtre.
Mais ces premiers voïages de
curiosité ne font, pour ainsi
dire, qu'une préparation à ceux
qu'ils font encore à la fuite
des Ambaſſadeurs & Miniſtres
de leur Nation. Ils commencent alors à prendre connoiſſance des affaires préſentes ,
& devenus acteurs principaux
nous les voïons à leur tour fui-
vis par d'autres qui viennent
ſe former fous leurs yeux. Les
enfans de qualité ne rougiſ-
ſent pas d'être, ni de paroître
fubordonnés à un homme de
moindre naiſſance , & l'on ne
voit point regner parmi eux

ce dangereux préjugé, que la naiſſance puiſſe ni doive affranchir des épreuves qui ſont l'unique moïen par lequel ſe forment les grands hommes en tout genre.

Parmi nous, on ne voit communément voïager que ceux qui ſans bien ou ſans naiſſance vont chercher fortune, ou qui chaſſés par une mauvaiſe réputation, fuïent au loin pour éviter une lumiere qui les importuneroit. Cette derniere eſpéce nous fait même tort parmi les Etrangers : accoutumés à nous juger par elle, ils peuvent ne nous pas juger favorablement.

Ceux de notre Nation en-

Quels ſont or-<br>dinaire-<br>ment les<br>François<br>qui voïa-<br>gent.

treprennent les fonctions du Ministere public avec la mê- me sécurité que s'ils avoient fait des études qui y fussent propres ; ou comme s'ils a- voient quelque connoissance des Etrangers, de leurs mœurs, de leurs principes, de leur gé- nie. Entraînés par le courant des affaires, ils n'ont pas le tems de faire d'apprentissage ; cependant quelque précau- tion qu'ils puissent apporter, il est impossible qu'ils ne com- mencent par faire des fautes ; non peut-être de ces fautes grossieres où le bon sens ne permet pas de tomber. Mais c'est manquer essentiellement que de ne pas tirer d'une occafion tout l'avantage dont elle eſt ſuſceptible. Or pour en tirer tout le parti qu'il ſe peut, il faut de la ſupériorité; & cette ſupériorité ne ſçauroit jamais être que le fruit de l'expérience. On n'apprend à manier & à conduire les affaires, que par l'imitation, c'eſt-à-dire, en obſervant comment les maîtres dans l'art ſe conduiſent, & en faiſant dans l'occaſion une juſte application de la méthode qu'on a vû réuſſir. Quelque libérale qu'ait été la nature à notre égard, ſa libéralité a beſoin du ſecours de l'exemple; & l'inſtruction que l'on en tire, jointe aux talens naturels, conſtitue la ſupériorité de ces hommes, qui, après avoir fait le bonheur de leur ſiécle, ſont deſtinés à faire l'admiration de la poſtérité.

Cependant les qualités & les talens du negociateur ſont les principales cauſes qui in-fluent ſur le ſort des plus grandes affaires, & qui déci-dent des plus grands intérets. Quand on veut, dans la vie privée, donner procuration de ſuivre une affaire à laquelle on ne peut vaquer par ſoi-même, on tâche de choiſir l'homme le plus prudent, le plus fidéle, & le plus expéri-menté. Juſqu'où ne doit point aller la précaution, lorſqu'il

est question de choisir quelqu'un pour repréfenter un
Souverain ; quelqu'un , dis-je,
dont les paroles font , pour
ainfi dire , auffi facrées que
celles qui fortiroient de la
bouche du Souverain même.

Un negociateur , devenant
tout enfemble le dépofitaire
du fort de fa Patrie , & de la
réputation , & de la fortune
des Miniftres de fon Maître ,
ceux qui font à la tête du Gouvernement doivent confacrer
leurs premiers foins à former
des fujets qui puiffent les fe-
conder au dehors dans les
fonctions d'un miniftere pénible , où tout étant , pour
ainfi dire , conjectural , il faut

des génies plus profonds &
plus élevés, que n'éxigent les
matieres, qui par elles-mêmes
ont des points fixes & dé-
montrés.

Pour fentir combien la negociation eft importante, &
peut devenir utile, il fuffit de
fe rappeller que c'eft elle qui
prépare les grands événemens
dont l'éclat frape les yeux. Si
un Prince veut conferver la
Paix, & pourvoir folidement
à fa sûreté, il a befoin d'Al-
liés dont le concours imprime
du refpect; s'il veut faire la
Guerre, il eft de fa politique
de s'attacher des amis, & d'en
enlever à cèux contre qui il
prépare fes armes; c'eft l'ou-

vrage de la negociation, qui
est auſſi l'inſtrument de la ré-
conciliation entre les Princes.
Enfin, elle dévelope les plus
grandes révolutions, elle les
avance, ou les éloigne, ou les
prévient. A ce tableau, il eſt
aiſé de juger ſi le choix des negociateurs eſt indifférent, &
ſi des hommes médiocres peuvent ſuffire à de ſi grands, &
de ſi vaſtes objets. Il eſt vrai
que ſouvent les plus grandes
choſes paroiſſent s'operer en
quelque façon d'elles-mêmes,
ou du moins avoir des principes fort indifférens ; mais quiconque voudra étudier les é-
vénemens, & remonter juſ-
qu'à la ſource, trouvera preſ-

que toujours que les bonnes ou les mauvaiſes qualités des hommes publics en ont été le mobile , & que quelquefois des années entieres n'ont pas ſuffi pour réparer une faute , ou une fauſſe démarche. Qu'il ſoit donc permis à un bon citoïen de ſentir quelque ſollicitude ſur le choix de ceux qui ſont chargés de quelque portion du miniſtere étranger.

Un negociateur, pour être ſupérieur, doit être préparé dès l'enfance à cette profeſſion importante. Ses études, comme ſes amuſemens, doivent être relatifs à ce point de vue; il doit travailler ſans ceſſe à ſe former le jugement,

Ce qui conduit le negociateur à la ſupériorité de talens.

à s'accoutumer de bonne heure à prendre ſur chaque choſe des idées nettes , & à ſe remplir l'eſprit de principes , qui le dirigent auſſi infailliblement qu'il eſt poſſible , dans toutes les conjonctures.

Or pour être en état de ſe former ſur les exemples vivans , il faut néceſſairement avoir travaillé ſur les modéles anciens ; & comme tous les Païs ont produit de grands politiques , une des premieres études que l'on doive faire , pendant que le cerveau a plus de fléxibilité , c'eſt l'étude des Langues étrangeres. Cette étude , commencée de très-bonne heure pour les Langues faelles, donnera de l'aptitude pour celles qui par leur difficulté demandent plus de méditation, & une application plus fuivie. Nous voïons cette méthode pratiquée avec fuccès dans prefque tous les Païs. La connoiffance des Langues fait trouver auffi de grands agrémens dans les voïages, & facilite beaucoup les liaifons avec les Etrangers. Quoique notre Langue foit devenue en quelque façon celle de toute l'Europe, il y a cependant encore beaucoup de gens qui ne la parlent pas, ou du moins qui la parlent difficilement. D'ailleurs, il n'y a point de Peuples qui ne

Utilité de cette étude.

sçachent gré à un Etranger d'avoir appris leur Langue. C'est donc un moïen de leur plaire. Or le premier pas pour réussir avec les hommes, est de sçavoir se rendre agréable à leurs yeux. On acquiert aisément la confiance de ceux dont on a saisi le goût; & cette espéce de conquête est toujours solide, lorsqu'on ne cherche pas à abuser du progrès que l'on a fait sur le cœur.

L'étude des Langues ne doit être qu'un amusement dans le cours de l'éducation; il faut même se former une méthode commode pour n'être pas rebuté par les épines qu'offre une étude assés séche dans ses commencemens. Ainsi on ne sçauroit trop se fixer à ce qui conduit à la simple intelligence, parce qu'au moins la lecture que l'on fait de bons Livres écrits en langues étrangeres donnant du plaisir, elle dédommage bien des difficultés par lesquelles il faut passer, & dont on ne peut trop adoucir le passage.

Un autre objet plus sérieux s'offre ici à l'instruction de la jeunesse, c'est la lecture de l'Histoire; mais comme l'Histoire, par les différens sujets qu'elle renferme, est une instruction universelle, & commune pour tous les hommes,

*Dans quelles vues on doit la lise.*

de quelqu'état qu'ils soient,
il faut que chacun choisisse ce
qui lui doit, pour ainsi dire,
devenir propre, & qu'il lise
dans l'esprit de la profession à
laquelle il se destine.

Rien n'est plus ordinaire
que de lire l'Histoire; tout le
monde s'en fait un honneur;
mais on en tire peu de profit,
quand on ne donne à toutes
ses parties qu'une application
égale, & par conséquent mé-

*Cause ordinaire du peu de profit qu'on en tire.*

diocre. On ne fait alors que
satisfaire une vaine curiosité,
& qu'amasser des faits qui forment souvent un assemblage
mal rangé, & par conséquent
peu utile. Il y a, selon l'état
auquel on se destine, des par-

ties d'Hiſtoire plus ou moins néceſſaires.

Un jeune homme qui ſe deſtine à la negociation, peut parcourir l'Hiſtoire Grecque & Romaine; mais il doit donner ſa principale application à l'Hiſtoire moderne dont les les événemens plus connus, & plus intéreſſans pour nous, ſont auſſi plus inſtructifs. Il y a même dans l'ancienne Hiſtoire beaucoup d'endroits principaux auſquels il faut s'arrêter par préférence, pour méditer ſur les principes des grandes révolutions, ſur leurs ſuites & leur dévelopement; ſur la part que le perſonnel des hommes y a pû

*Plan relatif à cette étude.*

avoir ; fur la maniere dont les Princes ou leurs Miniſtres ſe ſont conduits ; ſur ce que leurs réſolutions ſemblent avoir eu de bon ou de mauvais ; enfin, ſur l'effet qu'elles ont produit. Il faut ſurtout dans cet examen, ſe bien garder de juger par les événemens, & obſerver de faire une continuelle & exacte combinaiſon entre les principes, & les effets de chaque choſe, afin de s'inſtruire également, & par le mal, & par le bien.

Lorſqu'on arrive aux ſiécles qui ſont moins éloignés de nous, il faut encore paſſer plus legerement ſur ce qui ne forme pas une inſtruction

propre au negociateur, &
s'attacher aux objets que je
viens de marquer. C'eſt alors
qu'on a plus beſoin d'être en
garde contre les préjugés de
naiſſance, ou plûtôt d'éducation. Comme chaque Païs a
eu part aux évenemens pu-
blics, il n'eſt que trop ordinaire en liſant, de juger bien
de ſa nation, & de ſe paſ-
ſionner pour elle, au préjudice
des autres nations. C'eſt un
des plus dangereux écueils
pour un homme deſtiné à un
état, où il faudroit, pour ainſi
dire, n'être d'aucun Païs, &
dans lequel les préjugés que
l'on y porte n'ont point de
petites conſéquences. Un au-

Diffé-rens écueils à éviter dans la lecture de l'Hiſtoire.

tre écueil à éviter, & qui eft
commun ; c'eft d'être toujours
de l'avis de l'Auteur qu'on lit.
Cela laifſe dans une dange-
reuſe inaction les operations
du jugement, & accoutume
à n'avoir, pour ainfi dire ,
aucun principe à foi. Or il
n'y a pas d'état où il foit
plus néceſſaire d'avoir des
principes que l'état de negociateur ; & communément
on conſerve toute ſa vie, &
l'on porte en toutes affaires
les défauts que l'on a contrac-
tés par l'éducation ou par la
maniere d'étudier. Ce n'eſt
donc pas une lecture égale, &
univerſelle de l'Hiſtoire que
l'on conſeille, mais un choix

des livres ou des endroits qui
traitent certaines grandes époques, afin d'en faire une étude particuliere dans les vues
que l'on vient d'expliquer, &
avec les précautions que l'on
vient d'indiquer.

A la suite de ces premieres
lectures qui ne sont pas d'une
étendue immense, il y en a
d'autres qui sont du moins
aussi nécessair es, &qui deviennent plus propres encore
à un negociateur. C'est celle
des recueils de negociations,
qui apprennent la maniere
dont on a suivi une grande affaire; comment les ordres du
Maître ont été dictés; comment ils ont été exécutés,

quelles tournures différentes une grande negociation a pris successivement, & quel changement les incidens imprévus ont occasionné dans les instructions. On y trouve des portraits de Ministres illustres ou fameux, & l'influence que leur caractere a eu sur les affaires principales. Par - là non seulement on apprend à se conduire , mais encore à rendre compte de sa conduite, de ses démarches , de ses discours, de ce qu'on a vû & entendu , & du jugement que l'on croit en devoir porter.

Nous avons en ce genre de bons modéles que j'ai crû nécessaire d'indiquer. Le regne

d'Henri quatre nous en fournit plusieurs. Le recueil des
Ambassades de M. du Frêne
Canaye est curieux & instruc-
tif par le grand nombre d'é-
venemens qui traverserent ses
negociations. Le stile en est
trop diffus ; on ne peut le proposer à cet égard comme un
modéle ; mais il y a, du reste,
beaucoup d'utilité à lire ce recueil.

Les Ambassades du Prési-
dent Jeannin sont beaucoup
plus instructives. On y voit
une suite d'affaires traitées
avec toute la profondeur &
toute l'habileté d'un homme
aussi sçavant , & aussi versé
qu'il l'étoit dans les matieres

*Jugemens sur ces differens recueils.*

publiques. Quelqu'un qui agiroit , & qui écriroit comme
lui , feroit un grand homme
de negociation.

L'Ambaffade de M. d'An-
goulême fous le regne de
Louis XIII. eft écrite affés fé-
chement , mais elle peut donner connoiffance de plufieurs
faits importans de ce tems-là.

Les Memoires de M. de
Baffompierre le peignent tel
qu'il étoit , c'eft-à-dire avantageux & ardent en affaires.
On y voit une activité fouvent outrée à lever les obftacles qu'il rencontroit ; mais on
peut profiter même des défauts des autres.

Les Ambaffades du Cardi-

nal du Perron n'indiquent pas
un homme très-profond, ni
dont les idées fuſſent aſſés di-
gerées, & aſſés concifes, cependant on fera bien de le
lire.

On ſera pleinement ſatisfait
par la lecture des Lettres du
Cardinal d'Oſſat ſon contem-
porain. On y reconnoît l'homme ſage, profond, meſuré,
inſtruit des grands principes,
habile à en faire uſage, décidé dans ſes maximes, ferme
dans ſon langage & occupé
principalement du bonheur
de ſa patrie & des ſuccès d'un
Maître, dont il connoiſſoit
toute la valeur.

On n'a pas beſoin de parler

des Lettres de Paul de Foix, il y en a peu, mais elles sont satisfaisantes à lire.

Les memoires & negociations de M. d'Estrade sont intéressans par la nature des affaires, par l'importance des ordres qu'il recevoit, par la maniere dont il les exécutoit, & par l'élevation qui paroit dans plusieurs de ses réponses.

*Indication des ouvrages de politique les plus estimés.* Il y a encore quelques livres qui sont moins directement livres de negociation, & qui sont cependant utiles à lire, comme quelques-uns des ouvrages du Chevalier Temple, le Traité de Puffendorff du droit de la nature & des gens ; *Las Impresas politicas de Saavedra,*

*dra*, Ouvrage Espagnol, excellent pour quiconque sera capable d'une profonde meditation ; le Machiavel , pourvû qu'on le lise avec discernement , & qu'on ne convertisse pas en principes & en maximes des traits qu'il ne faut regarder que comme des opinions particulieres & souvent portées trop loin ; les Memoires de Montluc, ceux de M. de Sully , & de M. de Villeroi.

On pourroit encore citer beaucoup d'autres Ouvrages , mais ceux que l'on vient d'indiquer lûs avec attention , & bien médités peuvent suffire ; & le goût, que l'on y contractera aisément pour les livres

de cette espéce , conduira in-
dubitablement à la lecture
d'autres Ouvrages , qui par la
maniere dont ils feront lûs
deviendront encore une nouvelle fource d'inftruction.

Sur les collec-tions re-latives aux éve-nemens de nos jours.

On ne parle point des re-
cueils de piéces qui concer-
nent l'Hiftoire de nos jours ;
Quand même on ne fe deftine-
roit pas à la negociation publique , il y auroit prefque du
ridicule à ne pas s'inftruire de
ce qui fe paffe fous nos yeux.
Auffi ne fuppofera-t-on pas
que perfonne ait befoin d'être
exhorté à prendre ce genre de
connoiffance. Il faut l'avoir ,
quand ce ne feroit que pour
prendre part aux converfa-

tions journalieres , dont ces
fortes de matieres font fouvent le fujet.

C'eſt après ces différentes
lectures , ou finies , ou très-
avancées , que l'on peut avec
utilité commencer à voïager
dans les Païs étrangers. Mais
comme il y a une maniere de
lire , il y en a auſſi une de
voïager : il ne s'agit pas de
prendre une fimple connoiſ-
fance des lieux par leſquels
on paſſe. Quoique ces objets
de curiofité ne doivent pas
être négligés , il y en a d'autres plus intéreſſans. L'obſervation continuelle des mœurs
& coutumes d'un Païs ; la fo-
ciété des gens de mérite , &

Ce que l'on doit avoir principalement en vue dans les Voiages.

d ij

connus par leur excellence en quelque genre que ce soit ; le foin d'éviter la compagnie des jeunes gens ; & l'attention à chercher celle des gens d'âge & d'expérience , font indif-penfables pour voïager avec fruit. En mettant dans le commerce beaucoup de fçavoir vivre , un maintien honnête , de la douceur , un défir marqué de s'inftruire , une reconnoiffance fenfible pour ceux qui contribuent à notre inftruction , on fe fait défirer par les fociétés dont la fréquentation peut être utile. Enfin , les amufemens mêmes doivent être dirigés par quelque vue d'utilité ou d'inftruction ,

& placés de maniere à remplir
cet objet. C'est ainsi qu'em-
pruntant en quelque façon ce
qui se trouve de bon dans chaque Nation & dans chaque
Païs, on s'enrichit d'un nombre prodigieux de ces sortes
de dépouilles dont personne
ne nous fait un crime, & dont
chacun est bien-aise d'avoir
fait part. C'est un commerce auquel gagnent nécessairement ceux qui s'y appliquent,
& auquel personne ne perd.
Heureux celui que chaque Païs
pourroit regarder comme son
éléve, & qu'aucune Nation
ne rougiroit d'adopter !

En suivant le chemin que
l'on vient de tracer, on ac-

querera certainement les talens & les connoiſſances qui
conſtituent un bon negociateur, dans quelque ſituation
d'affaires que ce puiſſe être.
C'eſt l'emploi de ces talens,
& l'uſage de ces connoiſſances que l'on s'eſt propoſé de
déveloper dans le cours de cet
Ouvrage.

Je n'ai pas le mérite d'a-
voir écrit le premier ſur cette
matiere. Feu M. de Callieres,
Secretaire du Cabinet du Roi,
& qui avoit été emploïé en
pluſieurs negociations, en
donna il y a quelques années
un Traité, que les Anglois
& les Italiens ont traduit en
*Senti-
ment ſur* leur Langue. Cet Ouvrage

contenant de bonnes maxi-
mes, sembloit destiné à une
autre fortune que celle qu'il
a eue. Je dois même avouer
que j'y ai trouvé plusieurs réfléxions utiles. Peut-être que
si le stile en avoit été plus serré & plus agréable, la division mieux entendue, & que
les matieres eussent été plus
approfondies, relativement
aux qualités du cœur & de l'esprit, le fonds qui en est bon
auroit mieux réussi ; mais les
meilleurs préceptes réussissent
difficilement quand la maniere de les donner n'est pas a-
greable. Aussi n'avons-nous
point vû que cet Ouvrage eût
augmenté dans notre nation

l'Ouvrage de M. de Callieres.

le goût pour l'état de negociateur, ni l'émulation pour
l'étude des chofes qui y peuvent conduire. Peut-être fe-
rai-je plus heureux. C'eft au
moins dans cette vue que j'ai
entrepris l'Ouvrage qui paroît aujourd'hui.

On terminera cette Prefa-
ce, en exhortant les peres
des familles dans lefquelles la
Providence a placé de la no-
bleffe, de la fortune & de l'il-
luftration, à deftiner à cette
carriere, ceux de leurs enfans
pour lefquels ils verront que
la nature aura été libérale de
ces dons que l'art ne donne
point, & qui reftent impar-
faits fans le fecours de l'étude.

*Défirs pour que l'on def-tine des fujets à la negocia-tion.*

Par-là ils éleveront des sujets
utiles à leur Patrie, & se satis-
feront eux-mêmes, en se mettant en état de vivre dans les
siécles à venir, par la mémoire des Hommes Illustres qui
leur devront la naissance &
l'éducation. Puisse le Gouvernement, pénétré de ces véri-
tés, travailler avec succès à
faire naître & à soutenir cette
émulation ! C'est le plus grand
service que l'on puisse rendre
à sa Patrie. Un Etat est au faî-
te de la grandeur lorsqu'il a-
bonde en sujets, entre lesquels on peut justement balancer dans la distribution des
Emplois, & dans celle des
Graces, qui font le prix des
services publics.

~~~~~~~~~~~~~~~~~~~~~~~~~~~~~~~~~~~~~~~~~~~~~~~~~~~

## *APPROBATION.*

J'Ai lû par ordre de Monseigneur le Chancelier, un manuscrit intitulé : *Discours sur l'Art de Negocier ;* & j'ai crû que l'impression en pourroit être très-utile. A Versailles le premier de Mars 1737. HARDION.

DISCOURS
~~~~~~~~~~~~~~~~~~~~~~~~~~~~~~~~~~~~~~~~~~~~~~~~~~~

# DISCOURS

## SUR L'ART

## DE NEGOCIER.

JE pourrois me dispenser de l'usage ordinaire de commencer par définir le sujet que l'on entreprend de traiter. Personne n'ignore que l'Art de negocier est l'Art de conduire les affaires publiques, & de les diriger vers l'objet que l'on se propose. Je ne parle point ici des Ministres qui chargés du soin du Gouvernement, envoïent les ordres de leur Maître, mais de ceux qui sont destinés à les exécuter

Défini-<br>tion de<br>l'Art de<br>negocier.

A

dans les Païs étrangers. Ces deux branches différentes du Ministere public, qui forment, pour ainsi dire, un même tout, exigent des talens differens, & mon dessein est de parler seulement des qualités nécessaires au Ministere public dans le Païs étranger.

Tous les hommes naissent avec un genre d'esprit different; & quoiqu'il soit vrai, comme on l'a dit dans la Préface, que l'étude & l'usage du monde peuvent beaucoup contribuer à rendre capable du Ministere public, tout le monde n'y apporte pas en naissant une égale aptitude. L'éducation dévelope les talens, & leur donne une certaine étenduë; elle perfectionne les qualités naturelles, quelquefois même elle les tempere, mais elle ne détruit pas absolument les mauvaises, & le naturel prévaut toujours, quelque soin que l'on prenne de le contraindre.

Pour être un Negociateur parfait, il faudroit être né sans aucun défaut, soit du cœur, soit de l'esprit. Et comme cette perfection est au-dessus de l'homme, on n'expliquera ce qui sera néceſſaire pour former un Negociateur parfait, qu'afin que ceux qui se détermineront à cet état, puiſſent d'après ce tableau juger de la diſtance plus ou moins grande qui les en séparercroit.

Rien ne ſemble plus téméraire que de ſe deſtiner à une profeſſion auſſi importante avant que de s'être examiné ſcrupuleuſement ſur les diſpoſitions que l'on peut avoir pour en remplir tous les devoirs. Quand il ne s'agit que de ſes affaires particulieres, on eſt maître de les gouverner à ſon gré, & l'on n'eſt reſponſable qu'à ſoi-même de ce à quoi on manque dans leur conduite ou adminiſtration ; mais quand il eſt queſtion du ſort

Néceſſité de ſe bien connoître avant que de ſe deſtiner à la negociation.

de la Patrie & souvent de celui de
l'Europe, quel scrupule ne doit-on
pas apporter dans l'examen de soi-
même ? S'il ne falloit se décider
que par la noblesse & la fortune,
on auroit en main un principe facile, & c'est d'ailleurs un point sur
lequel il n'y a pas de mérite à se
juger au vrai. L'examen que l'on
propose est plus intéressant, & sans
doute plus difficile, parce que l'a-
mour propre qui a tant d'empire
sur les hommes, y est souvent un
grand obstacle. Il n'est pas aisé de
lui imposer silence ; souvent même on ne le veut pas. Or que peut-
on espérer pour le bien public, de
ces hommes qui commencent par
se tromper volontairement eux-
mêmes, & qui souvent n'ont d'autre raison de se croire quelque ca-
pacité pour la négociation, que de
ne se pas estimer inférieurs à quelqu'autre qui dans le fonds n'y aura
pas été propre ? Rien d'ordinaire

n'est plus dangereux que cette maniere de se juger par comparaison
avec ses pareils, ausquels il n'est
gueres dans l'humanité de supposer des avantages & de la supériorité à son préjudice.

La vraie & la plus sûre comparaison est celle de soi avec la chose même à laquelle on se destine ;
& c'est par cette raison que l'on
croit devoir définir le Negociateur tel qu'il devroit être, avant
que d'expliquer quels sont ses devoirs, ses obligations & ses fonctions ; par-là on donnera un guide
sûr dans l'examen que tout homme
qui se destine au Ministere public
se doit à lui-même & à sa Patrie.

Lorsqu'on pense à ce Ministere
pénible, on ne réflechit ordinairement que sur les avantages que l'on
espere du côté de la fortune, sans
considerer que la réalité de ses es-
perances dépend de la maniere
dont on se conduira, & que l'on

fait par conséquent un calcul faux, quand on ne commence pas par compter avec soi-même. Erreur après tout fort commune dans tous les états de la vie, & qui fait que presque personne n'agit à coup sûr, lorsqu'il est question de se determiner à quelque profession que ce soit.

Les qualités du cœur dans tous les états, & sur tout dans celui de negociateur sont les plus essentielles. Le succès du Negociateur dépendant absolument de la confiance qu'il inspire, il lui est indispensable d'avoir des sentimens de candeur, de vérité & de probité. On peut bien séduire les hommes par l'éclat des talens ; mais s'ils ne sont dirigés par la probité, ils deviennent des instrumens inutiles & même dangereux. Les hommes ne se pardonnent par d'avoir été trompés ; l'amour propre en est trop humilié, & la considération du

préjudice qu'on en reçoit , empêche en même-tems de pardonner
à celui qui a abusé de la confiance
qu'il avoit sçû inspirer. De pareilles
épreuves font perdre au vrai même toute croïance , auprès de ceux
à qui une fois on a présenté le mensonge sous les dehors respectables
de la vérité. L'avantage que l'on
croit avoir retiré de la fausseté , n'a
ni durée , ni réalité. Tout concourt à le détruire , & bien-tôt la
défiance qui en résulte entre les
Princes qui se font trompés par
leurs Ministres, a quelquefois les
suites les plus dangereuses , ou du
moins elle devient un obstacle in- Ses fu-
vincible à toutes liaisons d'amitié nestes ef-
& d'intelligence. Aussi faut-il re- fets.
garder comme un ouvrage peu solide celui qui n'est que le fruit d'u-
ne finesse mal entenduë ; les événemens ne tardent pas à déveloper la fausseté qui l'a produit. On
est persuadé qu'il n'y a plus aujour-

A iiij

d'hui de ces Princes qui faisoient
consister leur gloire à tromper ha-
bilement ; mais tout homme ja-
loux de sa réputation ne doit rien
éviter avec plus de soin que des
commissions contraires à la probité. S'il n'y avoit jamais eu d'hommes faciles à se prêter à l'iniquité,
il n'y auroit sans doute jamais eu
de Princes qui eussent abusé de la
maxime portée souvent trop loin,
que pour sçavoir regner il faut sçavoir dissimuler.



Si la dissimulation, en matiere
d'affaires publiques, n'étoit que
l'art du silence sur les choses qu'il
est important de taire, & celui de
composer ses mouvemens extérieurs, pour n'être point découvert mal-à-propos & sans nécessité, on pourroit l'admettre au nombre des talens du Negociateur, parce que la vérité n'oblige point à
dire tout ce que l'on sçait, ni à re-
veler son secret, ni à détromper

quelqu'un qui nous juge mal ; mais seulement à ne rien dire qui ne soit conforme à ce que l'on pense, & par conséquent à ne jamais avancer un fait qui soit faux, ni à nier un fait qui soit véritable. Sçavoir mettre à propos une barriere entre soi & les curieux, est un acte de prudence & de sagesse, mais ce n'est point mentir ; il est vrai que ce genre de dissimulation, & la pratique du mensonge, ne sont séparés que par un leger intervale, & que la borne est aisée à franchir, surtout pour ceux qui attachent une idée d'honneur à sçavoir induire les autres en erreur ; ou qui flattés de ce talent, sont peu scrupuleux & font même trophée de leurs succès apparens. Ce sentiment intérieur conduit bien-tôt à l'illusion, & de ce premier pas on arrive rapidement à cette extrême fausseté, qui faisant d'un Minis-tre l'objet de l'aversion & du mé-

Elle dé-
génere
souvent
en fausse-
té.

pris public, le rend au moins inutile aux intérêts de son Maître. On
dit au moins, parce que l'on pourroit aller jusqu'à dire qu'il y devient dangereux. Si la vérité manque, quelque motif que ce soit
qui en étouffe la voix, quel fonds
pourra-t-on faire sur les relations
du Ministre ? Un mensonge est
comme l'hydre ; il reproduit sans
cesse des mensonges nouveaux,
parce que le premier pour se soutenir ou se cacher, a besoin d'un
second. Fausses images, caracte-

Suites
de cet a-
bus.

res falsifiés & méconnoissables,
discours supposés, réflexions puisées au sein de la chimere, fausses
espérances, craintes inventées,
voilà ce qui forme le contenu des
relations d'un semblable Ministre.
De-là des instructions portant à
faux dans le principe, & par conséquent dans l'exécution ; résolu-
tions dangereuses, partis hazar-
dés. De-là une confusion générale

dans les affaires, un cahos d'autant plus difficile à démêler, que
les menteurs sont d'ordinaire a-
droits; enfin difficulté souvent in-
surmontable, pour remedier à ce
que le mensonge a gâté.

Le moins qui puisse arriver personnellement au Ministre infidéle,
est un désaveu formel qui le couvre de honte, mais qui souvent ne
remedie qu'imparfaitement au mal
qu'il a fait, parce que le préjugé
commun est que les Princes étant
à l'abri d'une certaine recherche,
sont peu scrupuleux à désavoüer
aux yeux du public ce qu'ils ont
autorisé dans le secret : ensorte que
malgré le désaveu, il reste toujours
des impressions fâcheuses & défavorables, qui ne s'effacent que lente-
ment & par une suite non inter-
rompuë de preuves contraires.



Un désaveu étant de la part de
celui qui le fait une espece de jus-
tification, & l'acte de se justifier

étant peu convenable à des Princes, le plus mauvais service que l'on puisse rendre à son Maître, est de le mettre dans la nécessité d'y avoir recours, ensorte que c'est blesser sa dignité, & porter en même-tems au fonds de ses affaires un préjudice très-difficile à réparer.

Les places qui mettent en évidence ont cet inconvenient, que  les hommes y paroissent tôt ou tard malgré eux tels qu'ils sont, & qu'ils ne peuvent presque rien dérober aux yeux du public, de leurs défauts intérieurs. Ils sont examinés de trop près & par trop d'Argus intéressés à les connoître, pour échaper à leurs recherches. Tel est, plus que dans tout autre état, le sort de ceux qui se livrent au Ministere public : ensorte qu'ils ne peuvent s'examiner trop sévérement, avant que d'entrer dans une carriere dans laquelle ce qu'ils sont est apprecié à sa juste valeur, par des Juges dont les Arrêts en ce genre ont une notoriété publique, & un éclat qui décide pour toujours de la réputation. Si l'amour propre pouvoit être éclairé, les hommes porteroient jusques-là l'étude d'eux-mêmes, pour n'être point aveuglés dans le premier examen qu'ils doivent faire avant que de décider leur vocation. La vérité & la probité sont donc les deux qualités les plus essentielles au succès du Ministere public. On dit plus, elles en sont la base, & tout édifice élevé sur d'autres fondemens, ne peut se soutenir. Quiconque même n'a que le masque de la probité, le laisse bientôt tomber, malgré toute son attention, & malgré toutes ses précautions.

Si ces deux qualités sont nécessaires pour plaire aux hommes, il y en a d'autres encore qu'il est indispensable d'y joindre. Telles sont la modération & la modestie.

Quand les passions agissent trop vivement sur nous, leur chaleur nous rend peu propres à la société. Une vivacité demesurée importune ceux ausquels nous avons à faire, & nous rend même peu susceptibles de conseils ; elle nous conduit à l'indiscretion, & ce défaut tient en garde, & allarme ceux qui pourroient nous confier des choses utiles. Un caractere violent & emporté nous fait haïr & craindre ; on appréhende d'exciter un feu trop facile à s'allumer. On craint les incidens que le même caractere qui les fait naître legerement fait soutenir aussi avec chaleur. On évite même le commerce d'un tel homme, parce qu'on le croit dangereux, & par une suite nécessaire on ne lui accorde jamais aucune confiance. Le caractere violent n'influë pas seulement sur la conduite, il porte ses effets jus-

ques sur les relations d'un Ministre dont la plume dirigée par la
passion, ne peut rien produire sur
quoi l'on puisse compter.

Cette chaleur conduit facilement à des mouvemens aveugles
de haine ou d'amitié, qui n'étant
point temperés par la raison, font
tomber dans toutes sortes d'incon-
veniens, & répandent le faux sur
toutes les opérations du jugement.
Or rien n'est plus dangereux pour
un Ministre, que cette facilité à
aimer ou à haïr, & c'est un des
écüeils qu'il doit éviter avec le plus
de soin, parce qu'une fois séduit
par ceux qui ont sçû déveloper
son caractere, & qui ont trouvé
le moïen d'en abuser, il ne peut
faire que des faux pas, & qu'il n'est
plus en état de servir son Maître.
La séduction qui prend sa source
dans nos propres défauts est sans
remede, & le joug de cette nature
quand nous l'avons subi, ne fait

plus chaque jour que s'appefantir, fans qu'on en fente le poids. Comment corriger les défauts dont les effets nous flattent, puifque ces mêmes défauts ne nous permettent pas de remedier au principe?

La modeftie perfonnelle n'eft point incompatible avec la dignité qu'exige le caractere repréfentatif; elle eft d'ailleurs néceffaire pour plaire aux hommes. Tous les momens de la vie du Miniftre ne demandent pas cette gêne attachée à la repréfentation; il deviendroit à charge à foi & aux autres; & plus fon inutilité dans une infinité d'occafions eft certaine, plus on feroit fondé à la regarder comme l'effet d'une vanité perfonnelle; vanité qui devient infupportable, parce que tout concourt à l'accroître. Les refpects que l'on accorde au caractere repréfentatif, font facilement pris par le repréfentant, pour un hommage perfonnel, & fous le

prétexte

prétexte de ce même caractere, il s'accoutume à supprimer beaucoup d'attentions de bienséance , qui cependant loin de le dégrader , ne feroient que lui procurer plus de relief. C'est un défaut ordinaire à ceux qui commencent à exercer le Ministere public ; ils se croïent devenus des hommes nouveaux ; ils se regardent comme Princes eux-mêmes ; ils exigent tout , & se croïent dispensés de tout ; le langage est bien-tôt conforme aux démarches , & l'on appelle dignité ce qui au fonds n'est qu'orgüeil & suffisance. Ceux ausquels on a affaire n'ignorent pas ordinairement ce qu'ils doivent à la representation ; mais dans les occasions où elle n'a pas lieu, on ne s'accoutûme point à reverer une Idole , & son Temple devient bien-tôt désert.

Il faut, quand les circonstances le demandent , faire rendre à son

Défaut ordinaire des nouveaux Minis-tres.

caractere tout ce qui lui est dû ; & un Ministre doit être ferme & décidé sur cet article , parce que la dignité du Maître y est directement intéressée. Mais à cette rigueur dont on ne peut pas se plaindre , doit se joindre ou succeder de la douceur dans le langage, de l'agrement dans la société, de la prevenance dans les démarches , & de l'attention à remplir tous les devoirs de la vie civile. S'il n'y a pas obligation absoluë ; ou si l'on est dans le cas de s'en pouvoir dispenser sans encourir aucun blâme, la reconnoissance en est le premier fruit , & l'on retire des avantages infinis de la disposition que l'on a fait naître par une semblable conduite.

Cette modestie est même indispensable dans la discussion des affaires. La maniere de présenter son sentiment, la façon de contredite, décident souvent du succès. Les

Compatibilité des prérogatives du Ministre avec les égards qu'il doit à la société.

Utilité de cette conduite.

Le succès des af-

mêmes raisonnemens persuadent, qui, s'ils étoient accompagnés d'un air de décision, ou de quelque apparence de hauteur & de dureté, aigriroient les esprits, & aliéneroient les Negociateurs. Les hommes n'aiment point la contradiction, il faut leur en adoucir l'amertume, si on veut les ramener à son sentiment. Ils sont toujours flattés qu'on traite modestement avec eux; ils vont quelquefois jusqu'à vouloir être loüés sur les opinions qu'ensuite ils abandonnent souvent eux-mêmes. La meilleure objection, si elle n'est proposée avec une sorte de ménagement, déplait à coup sûr, & les plus solides raisons perdent par-là même infiniment, au lieu d'acquerir une nouvelle force.



Il y a bien peu d'hommes qui soient capables de la sagesse dont je parle, & l'on ne voit que trop les Négociateurs novices en croïant faire des merveilles, gâter tout par un vain étalage d'érudition, qui n'est qu'ostentation, & par une prétendüe fermeté qui ne mérite que le nom d'obstination. Or comment porter ce genre de modestie dans la discussion des affaires, si on n'en contracte pas l'habitude dans le courant de la société?

On apprend toute sa vie à être Négociateur, & plus les affaires que l'on a à discuter sont délicates & épineuses, plus elles exigent que l'apprentissage ait été suivi & refléchi.

*Désinté-ressement necessaire au Nego-ciateur.* Le désintéressement est encore une des qualités absolument nécessaires à un Negociateur. Sans cette qualité les plus grands talens n'en sont que plus dangereux, parce qu'ils deviennent des instrumens de la corruption du cœur. Tout homme occupé d'un désir excessif de fortune ou de richesse, doit renoncer à l'emploi de Negociateur. Il n'offre que trop d'objets de tentations, & les moindres transgressions en ce genre sont trop criminelles & sujettes à de trop grandes suites, pour qu'il ne faille pas porter dans une profession si importante une ame bien éprouvée & bien affermie dans les principes du désintéressement.

La premiere loi qu'un Negociateur doit s'imposer, est de ne vouloir de distinction & de fortune que de la main de son Souverain naturel. Quoique l'usage ait, pour ainsi dire, legitimé les graces d'un Prince étranger quand le Souverain naturel permet de les accepter, on l'estime contraire à la délicatesse. Il faut les avoir meritées, & avoir cherché à plaire, & c'est toujours indirectement avec quelque préjudice des intétêts, dont on est dépositaire. Quand cela ne seroit pas, le public est en droit de le croire, &

comme il y a des affaires qu'on ne peut ni ne doit jamais déveloper aux yeux du public, on ne peut imposer silence aüx soupçons par des preuves suffisantes & certaines. Mais disons plus, quelque unies que deux Cours puissent être ensemble, il y a toujours un certain nombre de choses sur lesquelles elles different trop d'intérêts, pour qu'il soit possible de ne pas opter entre l'une & l'autre. Cependant on se doit tout entier à celui que l'on représente, & l'on ne se doit en rien à celui auprès de qui l'on réside ; ainsi chercher à mériter de ce dernier, c'est nécessairement manquer au premier, ou donner du moins quelque préférence au second.

*Preuves du fondement de cette délicatesse.* Indépendamment de cette extrême délicatesse à laquelle on ne peut trop s'attacher, il est vrai de dire que rarement on est intéressé à moitié. Si l'attrait médiocre par son objet peut tenter, l'attrait plus fort porte un coup certain, l'on résiste difficilement à un objet considérable, & la facilité à trahir pour un prix proportionné, suit ou peut suivre de près les manquemens en apparence les plus legers.

Quoiqu'il y ait réellement des hommes vertueux, il est encore plus sage à ceux à qui il appartient de choisir les Ministres, de les mettre au-dessus de la tentation, en leur procurant, ou du moins en leur assurant pour prix de leurs travaux une fortune & des distinctions proportionnées aux objets par lesquels on pourroit craindre qu'ils ne fussent tentés ou éblouïs. On ne fera point à la vertu le tort de penser qu'elle ne puisse pas prévaloir sur les objets les plus séduisans; mais ce degré suprême de la vertu ne se connoît certainement par aucun signe extérieur,

Sagesse d'assurer des récompenses aux Ministres.

& les exemples du paſſé ne ſont même pas ici un garant ſuffiſant de l'avenir. Un malheureux moment triomphe de la vertu qu'on avoit crû la mieux affermie: à la verité on peut alors ajouter des punitions publiques à celle dont le trait ſuit partout intérieurement celui qui a de juſtes reproches à ſe faire ; mais le coup eſt frapé, le mal eſt fait, & ſouvent il eſt ſans remede.

Ce n'eſt pas qu'il ſoit défendu de fonder des eſpérances & des idées de fortune ſur le métier auquel on ſe deſtine ; mais il ne faut attendre ces avantages que comme récompenſe de ſes bons & fidéles ſervices, enſorte que le premier objet ſoit de remplir exactement ſes devoirs, & que l'on remette le ſoin de la récompenſe à la juſtice de ſes Superieurs naturels. Ordinairement elle ſuit le ſervice; mais à ſupoſer qu'elle man-

que par des circonstances malheu-
reuses dont on n'est point responsable, il est beau de pouvoir se dire à soi-même qu'aïant le cœur
pur & les mains innocentes on
méritoit d'être bien traité. C'est
être récompensé qu'être digne de
récompense.

D'ailleurs convenons que chaque homme se doit au service de
sa Patrie, sans pouvoir à la rigueur
exiger des récompenses. On naît
dans un Païs, on en partage la
gloire, l'éclat, la sûreté. Nous
devons à ce même Païs le bien &
la fortune que nos Peres nous ont
laissé. Nous lui devons donc aussi
quelque service, de quelque nature
qu'il soit. Il est vrai que la bonne
politique veut que l'on excite l'é-
mulation par quelqu'objet de récompense ou de satisfaction ; mais
cela même n'est point dû dans une
telle rigueur de droit, que l'on puisse jamais s'estimer quitte de tout

*Ce qui console de l'avoir manquée.*

*Reflexions sur ce que chacun doit à sa Patrie.*

devoir envers sa Patrie, par la raison que chaque service qu'on lui rendroit n'emporteroit pas sa récompense particuliere.



Si les hommes étoient bien pénetrés de ces grands principes, ils s'accoutumeroient à ne point servir leur Patrie comme des mercenaires, & par conséquent ils la serviroient avec une plus grande pureté. Toute récompense à part, n'est-ce pas un grand honneur pour un particulier d'être apellé à une portion si distinguée du service public? Le succès devient la source d'une grande satisfaction intérieure, d'une considération actuelle, &



d'une réputation ineffaçable. Et ne doit-on pas regarder ces avantages comme une espece de récompense? En effet il est bien rare que des enfans qui ne degénerent point ne recüeillent pas les fruits de la réputation & de la mémoire de leurs Peres. Bannissons donc toute ma-

xime ou tout sentiment contraire
que le vil esprit d'intérêt pourroit
tenter d'établir. Ces sortes de maximes sont la perte d'un Etat, &
le présage le plus assuré de sa rui-
ne prochaine. Ne recherchons au-
cunes graces étrangeres, n'en esperons que de nos Souverains naturels, ne les demandons qu'après
les avoir méritées, ressentons une
noble reconnoissance de celles que
nous obtenons, mais gardons-nous
de murmurer des refus que nous
essuions; les bienfaits des Souverains sont libres.

L'observation du secret a de tout
tems été estimée, comme elle est en
effet, l'ame des grandes affaires, parce qu'il n'y a aucune sorte de projet
que l'on puisse former, dont quelque
Puissance n'ait intérêt d'empêcher
ou de suspendre l'exécution. La
connoissance du secret lui en fournit les moïens, ou lui laisse le tems
d'en chercher, ensorte que quicon-

que manque au secret détruit son
ouvrage en même tems qu'il l'é-
difie : aussi les grands Ministres
ont-ils toujours eu pour maxime
de n'avoir point de confidens,
lorsqu'ils pouvoient s'en passer, &
de ne les multiplier que le moins
qu'il étoit possible. L'habitude du
secret est donc une qualité absolument nécessaire à un Ministre ; je
dis l'habitude, parce qu'on ne devient pas en un moment capable
du secret, & qu'on ne sçait se taire
sur les grandes choses, que quand
on a apris à s'observer sur les moindres. Pour y parvenir, on doit se
mettre de bonne heure dans la tête
ce principe, qu'il ne faut jamais
parler sans nécessité, ou sans convenance, & que les choses qu'on
regarde comme absolument indif-
férentes, ne peuvent le plus souvent être dites sans quelqu'inconvénient.

On est le maître de divulguer un

*Pourquoi il faut en avoir l'habitude.*

secret qui n'intéresse que soi ; si l'on fait mal , au moins on a été libre à cet égard , & l'on n'est responsable qu'à soi ; c'est pour ainsi dire , son bien dont on use à son gré , & l'on est assez puni ordinairement par les inconvéniens de son indiscrétion ; mais en matieres publiques , le secret qui nous est confié n'est point à nous , c'est un dépôt qui doit sans cesse être sacré à nos yeux ; c'est un bien dont nous ne pouvons faire usage qu'avec la permission du Maître ; & plus il est précieux par l'objet même du secret , plus nous devons être attentifs à ne le point compromettre. C'est même souvent manquer au secret que de laisser connoître après coup qu'on en a été dépositaire. Les Princes ont quelquefois autant de raison d'Etat de cacher leurs veritables confidens , que leur secret même.

Or on manque au secret par des

principes plus repréhenſibles , s'il
ſe pouvoit , que l'indiſcrétion même. Communément on ne dit pas
ſon ſecret par le ſeul plaiſir de le
dire , quoiqu'un mouvement de
vanité & l'envie de paroître inſtruit , ne rompent quelquefois
que trop facilement les liens de
notre langue. Plus ordinairement
c'eſt l'eſprit de legereté , ou quelqu'intérêt particulier qui font
manquer au ſecret. Dans ces deux
cas , on eſt incapable du Miniſtere public ; dans le premier , parce que tout Miniſtre doit peſer ſes
paroles & leur juſte valeur avec
la même attention qu'il donne aux
paroles qu'il entend ; & dans le ſecond , parce qu'il eſt infidéle à ſon
devoir , & qu'il ſacrifie à ſes avantages particuliers , un bien qui ,
comme on l'a dit, ne lui appartient
point.

Il y a pourtant un juſte milieu
entre l'exacte obſervation du ſe-

cret, & une réserve outrée qui conduit à faire des mystéres déplacés & inutiles ; ce dernier défaut qui suppose peu de discernement, & un jugement foible, est commun parmi ceux qui n'ayant point l'usage des affaires, craindroient de passer pour les auteurs de la nouvelle la plus indifférente, & n'oseroient, pour ainsi dire pas, à midi avoüer qu'il est jour dans leur Païs. Or c'est n'être pas capable du secret, que de ne pas sentir la valeur de chacun de ceux dont on est dépositaire.

*Bornes que l'on doit mettre au secret.*

Ce ridicule mystére déplaît à ceux avec lesquels on vit ; il rend même un Ministre inutile à son Maître, car il ne parvient à être instruit, qu'autant qu'il met du sien dans la Societé. A la bonne heure, s'il sçait en semant peu, semer assez à propos, pour recüeillir beaucoup. C'est-là que peuvent paroître son intelligence & sa dexté-

*Mauvais effet d'une réserve outrée.*

rité. Il arrive d'ordinaire que ces sortes de mystérieux n'en sont que plus avides de nouvelles, & par-là même, comme on les connoît, ils sont aussi plus exposés à s'entendre faire de fausses confidences qu'ils prennent pour véritables, & avec lesquelles, eux-mêmes étant dans la bonne foi, ils tromperoient leur Maître, s'il n'étoit pas d'ailleurs plus sûrement instruit.

*Difficulté de saisir le juste milieu.*

Cependant ce juste milieu dont on vient de parler, n'est pas aisé à saisir; & même avec beaucoup d'esprit un Negociateur novice y est embarrassé dans les commencemens. Mais il est important qu'il se fasse une premiere loi d'être exact observateur du secret. La réputation de discrétion peut seule inspirer de la confiance à ceux avec qui on traite. On peut bien profiter de la revelation d'un secret, & s'en applaudir; mais on méprise

méprise celui qui le revele par legereté, & l'on déteste celui qui le
trahit par infidélité ou par intérêt.
Or indépendamment de toute autre considération, il y a beaucoup
d'avantage à avoir l'estime de ceux
avec qui on negocie, plus encore
quand on la doit aux qualités du
cœur, parce que souvent on se fait
trop craindre par l'estime qui n'est
donnée qu'aux talens & aux qualités de l'esprit. C'est aussi, comme
on le verra dans la suite, un inconvénient que tout Negociateur
doit éviter avec soin; sa supériorité, si elle est trop connue, est souvent un grand obstacle aux affaires.

L'importance du secret emporte
la nécessité d'une grande pureté
dans les mœurs. Ainsi la sobrieté &
la continence sont encore deux
vertus nécessaires au Negociateur.
On fait abstraction ici de ce que
l'homme Chrétien doit à sa Reli-



Avan-
tages des
qualités
du cœur
sur celles
de l'esprit.

gion , & l'on ne traite cet article que relativement à l'état d'homme public.

Si la nature des affaires dont l'homme public est chargé exige l'usage de toute la réflexion dont il est capable , c'est une suite nécessaire qu'il péche essentiellement contre ses devoirs, lorsqu'il tombe dans quelque acte d'intempérance. Dire que l'on est également sûr de son secret dans tous les états, c'est alléguer une frivole excuse. La raison obscurcie ne peut sentir ce qui lui manque dans les momens d'excès , ni arrêter précisément au point qui en précede la perte entiere, & par malheur nous ne pouvons avoir dans ce qui nous environne presqu'aucun Juge infaillible de ce que nous perdons alors. Souvent si l'on refléchissoit de sang froid à ce qui a échapé dans la chaleur du vin , on se reprocheroit bien des choses ou dites

mal-à-propos, ou dont le dérange-
ment de la raison a empêché de
faire usage.

L'habitude de soutenir la fer-
mentation du vin, toute detesta-
ble, & toute dangereuse qu'elle
est, a été autrefois encore plus
qu'aujourd'hui une chose utile
dans les Negociations. Selon les
différentes coutumes des différens Païs, elle est plus ou moins
nécessaire ; mais tous les tempéramens n'y suffisent pas également. Il faut que ceux à qui
la nature ou l'habitude n'ont pas
donné cette malheureuse & rui-
neuse ressource, sçachent user de
stratagême, pour conserver au
moins quelqu'avantage sur ceux
qui se livrent à l'excès ; c'est la
seule supercherie que l'on permet-
te au Ministre public, parce qu'il
n'a nulle obligation réelle de se
livrer comme les autres, & que
servant mieux son Maître en con-



Usage de la table.

Necessité de s'y livrer dans de certains Païs.

Parti qu'il est permis d'en tirer.

servant toujours sa raison , il satisfait à son devoir principal. Il
seroit cependant à souhaiter que
l'abus qui régne encore sur cela en beaucoup de Païs , s'abo-
lît successivement , & que suivant partout l'usage de la sobrieté , on se fît un principe de combattre toujours à armes égales.
Quel honneur retire-t-on d'avoir
trompé un homme hors d'état de
connoître les piéges qu'on lui tend?
Et peut-on se féliciter des succès
qu'on ne doit qu'à un tempera-
ment plus fort & plus familiarisé
avec la débauche. Esperons qu'à
mesure que les mœurs s'épureront ,
on bannira ce reste d'excès , qui y
est si contraire, & que cette force
de tempérament ne sera plus nécessaire pour remplir tous les devoirs d'homme public.

Si entre deux vices aussi blâma-
bles que ceux dont on parle ici , il
pouvoit y avoir du plus ou du

moins, on craindroit encore plus pour le Ministre public l'incontinence, surtout si elle étoit fondée sur un attachement de cœur. Qu'un homme, en quelqu'état que ce soit, ait un moment de foiblesse ou d'amusement, on sçait assez quels principes sont attaqués. Mais pour un homme chargé d'un Ministere public, tout engagement de cœur est extrêmement dangereux : Non qu'il ne puisse y avoir & qu'il n'y ait eu en effet des hommes capables de donner beaucoup à la tendresse, sans trahir leurs devoirs ; mais les exemples contraires sont trop communs, & le danger est en soi trop évident, pour ne pas avertir le Negociateur, qu'il doit conserver son cœur libre de tout attachement. On n'engage point son cœur sans chercher à plaire à l'objet que l'on aime. Si malheureusement une indiscrétion ou une infidélité est demandée comme le prix d'un retour défiré, peut-on fe répondre que l'on réfiftera à une follicitation à laquelle le cœur nous confeille de ceder, & dans un moment dont l'yvreffe fait taire toutes les réflexions que la raifon peut fuggérer? En général une confidence refte rarement dans les premieres mains par lefquelles elle paffe, mais jamais elle n'en demeure-là quand elle eft follicitée par quelqu'intérêt particulier, ou par une fuite de fuggeftion. Or cet intérêt a bien-tôt lieu, lorfqu'on fçait à qui un Miniftre a donné fon cœur. On oublie que le plus grand ennemi qu'on ait eft ce qu'on aime le plus. Les premieres confidences ont encore cela de dangereux, que ceux à qui on les a faites les regardent comme un titre pour en exiger de nouvelles. On croit tout perdre, fi on eft foupçonné de n'avoir qu'une demi-confiance, & l'on s'engage in-

A quoi mene une premiere confidence.

senfiblement de maniere que tout
est sacrifié, pour ne pas perdre le
prix d'une premiere indiscrétion.

On finira cette partie par quelques réflexions sur la liberalité. C'est une qualité du cœur nécessaire au Ministre, mais qui doit être guidée par le jugement, pour ne point dégenerer en une profusion ridicule & inutile. La pratique de la libéralité n'intéresse pas seulement la dignité du Ministre, elle intéresse encore le service du Maître. L'avarice empêche de multiplier les relations, & par conséquent les occasions familieres de s'instruire en se commuiquant. Elle empêche aussi de donner à propos des récompenses & des marques de satisfaction à ceux de qui l'on tire des services, & qui sont susceptibles de récompense. Le Ministre trop œconome ne propose point à son Maître des actions de liberalité, & par-là il fait retom-

Reflexions sur la liberalité.

Inconvéniens de l'avarice.

C iiij

ber sur le Maître une réputation qui ne devroit cependant être personnelle qu'au représentant. La profusion a de même ses inconvéniens ; on est facilement trompé par ceux qui veulent abuser d'un pareil caractere, & la profusion est presque toujours un acte de vanité, dont on ne tire aucun avantage, parce que les effets en sont mal placés, & que le public en fait un sujet de dérision. Un Ministre sage doit chercher un juste milieu entre ces deux extrémités. L'une & l'autre nuiroient à ses succès.

Les qualités du cœur peuvent, à la rigueur, suffire dans le commerce ordinaire de la vie ; on n'y exige point une certaine étendue d'esprit & de connoissances ; à la bonne heure que par le génie naturel & par les connoissances acquises, on soit en état de répandre de l'agrément & de l'instruction dans la societé, mais on s'estime encore heureux quand on trouve quelqu'un parfaitement honnète homme, & commode dans l'ufage de la vie, par l'égalité & la douceur de fon caractere. Les gens fenfés le préfereront même à quel- qu'un qui aura de l'efprit, pour ainfi dire, aux dépens du cœur, parce que rien n'eft fi dangereux que l'efprit, lorfqu'il eft guidé par un cœur corrompu. C'eft le cœur qui fait faire un bon ou un mau- vais ufage de l'efprit.

Dans la focieté d'affaires, il faut plus que les qualités du cœur ; les affaires exigent ces lumieres natu- relles & ces connoiffances acqui- fes, fans lefquelles avec les meil- leures intentions du monde, & les qualités d'ailleurs les plus refpec- tables, un Miniftre ferviroit mal fon Maître. L'efprit eft de tous les Païs : & de-là la néceffité de n'en- voyer jamais que des hommes qui puiffent au moins combattre à ar- mes égales.

Défini-<br>
tion de la<br>
sagacité.

Com-<br>
bien ce<br>
talent est<br>
nécessaire<br>
au Ne-<br>
gociateur.

Détail<br>
de ses ef-<br>
fets.

La sagacité ou la pénétration est une des plus essentielles qualités ; c'est un don de la nature à la vérité, mais que l'étude & l'usage des réflexions augmentent & perfectionnent. L'habitude du travail dévelope les idées & accoutume l'esprit à la facilité, & à la multiplication des combinaisons. Sans ce talent un Ministre est peu capable de sentir la finesse de certains discours qu'on lui tient souvent avec art, de déveloper l'étendue d'une proposition qu'on lui fait, de découvrir le but d'un projet qu'on présente à ses yeux, de tirer du fonds même d'une affaire les moïens de la faire réussir, de réfuter des raisonnemens captieux, d'imaginer des réponses solides ou frapantes, de connoître le caractere ou le génie de ceux avec qui il traite ; de fixer lui-même les propositions qu'il doit faire, de rédiger les écrits qu'il a à remettre, de diſtinguer une fauſſe confidence d'avec une vraïe, de démêler les vûes qui font agir auprès de lui, de donner aux avis qu'on lui communique une juſte apréciation, & le dégré de croïance proportionné à la valeur de chacun; de bien connoître les intérêts de la Cour avec laquelle il traite; enfin de bien comprendre le véritable ſens des ordres qu'il reçoit de la Cour qu'il ſert.

Or il n'y a pas un moment du miniſtere public qui n'ait pour objet quelqu'une de ces opérations que l'on vient de dérailler, & ſouvent pluſieurs enſemble. Et comme chacune en particulier exige un certain nombre de combinaiſons, il n'eſt pas douteux qu'elles ne ſe peuvent faire ſans le ſecours de la pénétration.

Mais la pénétration ne ſuffit pas ſeule pour ces différens genres d'opérations, elle a quelquefois be-

Ce qui doit accompagner la pénétration.

foin d'un frein qui la retienne, il faut qu'elle soit guidée par le bon sens & par un profond jugement. Or ces deux qualités se nuisent souvent, ou pour mieux dire, il est rare qu'elles se rencontrent ensemble dans un certain dégré d'égalité. Un homme né avec une grande vivacité d'esprit est facilement séduit par son propre talent, & enyvré par les aplaudissemens qu'il reçoit, parce que l'on plaît presque sûrement, quand on se livre à tout l'effort d'une imagination vive. Ceux qui sont nés de la sorte ont un plus grand besoin de l'étude pour temperer un feu trop ardent, & pour donner à l'esprit des points fixes, qui lui sont nécessaires pour ne point passer le but.

Effets du défaut de sagacité.

Il arrive au contraire qu'un homme à qui la nature a donné peu d'imagination se renferme plus en lui-même, & ne sort point d'un certain cercle toujours trop étroit. Les hommes de cette espéce refléchissent profondément sur une idée qui leur est présentée , ils la peuvent voir dans toutes ses faces différentes , mais leur examen ne leur fait pas tirer de nouvelles idées de celles qu'ils méditent ; ils forment leur jugement , mais ils ne font point de combinaisons sur ce qui peut être étranger à l'objet particulier dont ils sont frapés ; ils opérent sur ce qui leur est présenté , mais ils n'imaginent rien de neuf. Or ce genre d'esprit a aussi ses inconvéniens , & il seroit à souhaiter que l'on pût se connoître assez tôt pour y remedier de bonne heure, au moins en partie, par le choix des lectures & des conversations propres à donner du feu & de l'étendue à l'imagination.

Il faut cependant convenir que dans la plus grande partie des affaires de politique , cette lenteur

des opérations de l'esprit, s'il falloit nécessairement opter, seroit
moins dangereuse que l'extrême
vivacité dont on vient de parler,
qui ne seroit point retenue par le
discernement.

Sans le secours du jugement, la
vivacité d'esprit conduit nécessairement tôt ou tard à quelqu'écueil
où l'on brise. Car il ne faut pas
toujours paroître entendre ce que
l'on comprend le mieux, ni vouloir dire tout ce que l'imagination
suggére sur une affaire, ni s'abandonner à l'attrait séduisant de la
parole ; il ne suffit pas de bien dire
ce qui se présente à l'esprit, ni
d'écrire supérieurement ce que l'on
veut coucher sur le papier ; il faut
n'agir qu'à propos, sçavoir résister
quand cela convient, à la tentation de parler ou d'écrire, distinguer les momens & les situations
dont on peut esperer plus de succès, placer ses démarches de ma-

niere qu'elles aïent toujours leur objet d'utilité, & qu'elles ne puis-sent être sujetes à aucun inconvé-nient ; écouter avec discernement & parler avec justesse. Telles sont les opérations du jugement, qui ne peut nous tromper que dans les cas où nous errerions dans les faits. Ainsi la pénétration doit s'em-ploïer à les bien déveloper dans leurs principes & dans leurs cir-constances ; & le jugement doit nous servir à n'agir & ne raison-ner que conséquemment. Le mi-nistere de l'un & de l'autre ne doit jamais être séparé, il faut qu'ils agissent conjointement, que la pé-nétration soit le flambeau du ju-gement, & que le jugement tra-vaille sur la matiere que la péné-tration a dévelopée, sans quoi l'on passe trop le but, ou l'on en reste trop loin, & de l'un comme de l'autre il résulte un dommage con-sidérable aux intérêts du Prince que l'on sert.

C'est ce concours du jugement qui constitue l'homme sage & prudent, parce que la prudence consiste à ne rien faire qu'à propos, & après avoir mûrement pesé le pour & le contre.

Or quelque bien instruit qu'un Ministre puisse être, il y a une infinité d'occasions dans lesquelles il est obligé de prendre sur lui, surtout quand le lieu de sa mission est éloigné de celui d'où doivent émaner ses ordres. Les instructions qu'on envoïe à un Ministre sont dressées sur les connoissances que l'on puise dans ses relations. Dans un court intervale, les circonstances changent souvent beaucoup. Si le Ministre ne sçait pas bien distinguer l'esprit qui a dicté ses instructions, il les executera mal-à-propos, quoique bonnes en elles mêmes, relativement aux circonstances dans lesquelles elles ont été dressées ; il ne sçaura pas supprimer

mer dans leur exécution ce que le changement des circonstances rend inutile ou dangereux, ni y supléer dans le même esprit, ni juger s'il doit prendre le tems de demander & de recevoir de nouveaux ordres. Quelquefois ces sortes de circonstances sont extrêmément embarrassantes, parce qu'avec beaucoup de soin pour ne se pas méprendre on peut ne pas adresser juste. Aussi est-il de la sagesse de ceux qui dressent les ordres, de prévoir autant qu'il est possible tous les différens cas, comme il est de la prudence de celui qui les exécute de ne rien prendre sur lui sans nécessité, mais seulement quand il ne peut pas faire autrement.

*Attention que doit avoir le Ministre pour les prévoir.*

La patience & le courage pourroient à la rigueur être regardés comme des qualités du cœur, cependant l'esprit a tant de part à leur usage, que l'on croit les pouvoir considérer ici comme des opé-

*Combien il est important à un Ministre d'être patient & courageux.*

rations de l'esprit. D'ailleurs il faut convenir, par exemple, sur le courage, qu'il y a celui du cœur & celui de l'esprit, & que c'est de ce dernier qu'il doit principalement être question. C'est ce qui a déterminé à ne placer que dans cet endroit ce que l'on s'est proposé de dire sur son usage & sur ses effets. Un Ministre doit donc être patient & courageux. Les affaires ne se manient pas toujours comme on voudroit, elles ont plus ou moins de difficultés en elles-mêmes, & quelquefois il s'y forme des obstacles imprévûs. L'impatience découvre avant le temps l'intérêt qu'on a à faire réussir une affaire. En se rendant trop pressant, on inspire de la défiance & du soupçon, où souvent il n'y auroit pas matiere à en avoir. On se rend fatiguant ; ceux à qui l'on a affaire se regardent comme persécutés, on leur déplaît, on les gêne, & communément on n'en a-

L'impatience nuisible au bien des affaires.

vance pas davantage, si pourtant on
ne recule pas. L'impatience même
intérieure , à supposer qu'on soit
assés maître de soi pour ne la pas
montrer au dehors , diminue la
présence d'esprit , & rend moins
capable de suivre avec succès l'affaire dont on est chargé. Il y a bien
peu d'occasions où il faille vouloir,
pour ainsi dire, brusquer une affaire & l'emporter ; & dans ces cas-là
il faut bien de l'art pour déguiser
ses véritables motifs.

En ne négligeant rien de ce qui
peut faire réussir une affaire; il faut
voir de sang froid les obstacles qui
s'y préparent, se roidir contre ceux
qui naissent quelquefois à chaque
pas : heureux quand on les peut
prévenir; ne jamais se décourager;
être content de soi lorsqu'on a fait
tout ce qui est dans l'humanité; &
surtout ne jamais conserver d'humeur ni de prévention contre
ceux qui ont pû susciter les obsta-

Occa-
sions où
il faut
s'armer
de coura-
ge.

cles, & qui souvent n'ont fait que
ce que nous aurions fait nous mêmes, si nous avions été à leur place.
Ce qui ne réussit pas dans un tems,
réussit quelquefois sans peine dans
un autre. Il faut que la patience
attende les momens, que l'activité les avance, & que l'habileté en
fasse profiter.

Le courage d'esprit est encore necessaire dans les occasions tristes,
où l'on est chargé de quelque commission désagréable, comme cela
arrive souvent. Il est permis d'en
être affligé, & même de laisser
voir qu'on l'est personnellement;
mais il n'en faut pas moins exécuter avec ce courage d'esprit dont je
parle, pour pouvoir le faire avec
une certaine dignité, que l'on peut
toujours allier avec la bienseance.

La patience ne doit cependant
point conduire â l'indolence; cela
est assez ordinaire, & l'on confond
aisément par les actes extérieurs

cette vertu & ce défaut. Un Minis- *tience a-*
tre doit être dans une continuelle *vec l'in-*
activité d'esprit ; il ne doit jamais *dolence.*
un moment perdre son objet de
vûe ; sans cesse occupé des moiens
qui le peuvent faire réussir, ingé-
nieux à imaginer des expédiens,
facile à se prêter à toutes les situations, il ne doit être en repos
qu'extérieurement : mais cette activité intérieure doit même avoir
ses bornes ; il ne faut pas qu'elle
dégenere en tourment. Rien n'est
si commun que l'inquiétude d'esprit. Il y a des gens toujours agités
qui s'imaginent n'en avoir jamais *Inquié-*
assés fait, qui se recherchent con- *tude d'es-*
tinuellement, qui creusent leur *prit que*
imagination pour rien, qui ne *l'on met*
*souvent*
croïent jamais être dans le vrai *à la place*
chemin. Ce n'est point-là ce que *de l'acti-*
l'on doit appeller activité ; c'est un *vité.*
défaut de connoissances & de principes, & un manque de jugement
qui fait qu'on ne s'arrête point où

il convient pour le bien de l'affaire ; car c'est le jugement qui dirige souverainement l'usage de toutes les qualités de l'esprit, & qui fixe la mesure de ses opérations.

*Sur la souplesse & la fermeté.*

Le jugement doit guider par conséquent deux autres qualités qui semblent contradictoires, & qui doivent pourtant s'allier dans la personne du Ministre, c'est-à-dire, la souplesse & la fermeté.

*Quel usage l'on doit faire de ces deux qualités.*

L'art de se prêter à ceux avec qui l'on traite, de paroître céder sur certaines choses, d'entrer dans certains tempéramens, ne doit point dégénerer en une ridicule facilité qui fasse perdre de vûe l'objet que l'on veut suivre, ou qui fasse manquer l'essentiel d'une affaire. L'envie de plaire doit avoir ses bornes, & quand le bien du service l'exige, il faut sçavoir être ferme & inébranlable, & ne se laisser entamer par quoique ce puisse être au mon-

de. Quand on a , comme il le faut
supposer, de bonnes & de solides raisons, & qu'on sçait être ferme sans
dureté & sans aigreur , ceux avec
qui nous avons à traiter ne nous
en sçavent pas mauvais gré ; ils
sentent que nous faisons ce que
nous devons : ils feroient même
peu d'estime de nous , s'ils nous
voïoient ceder, quand nous aurions
évidemment raison, parce qu'ils
feroient en droit de nous supposer
des motifs personnels , dont le
soupçon seroit asûrément peu honorable.

Cette fermeté est surtout nécessaire dans les occasions qui in-
téressent la dignité de la Couronne,
ou du Souverain que l'on représente. La dextérité doit s'emploïer à
prévenir les incidens autant qu'-
on le peut, sans mettre son droit
en compromis. Lorsqu'ils sont
inévitables , c'est alors que l'on
doit agir avec fermeté , mais

D iiij

Occasions où l'on ne peut qu'approuver la fermeté d'un Ministre.

avec une fermeté sagement conduite : ensorte que l'on ne nous
puisse rien reprocher sur les proce-
dés personnels , tant que l'on ne
porte pas les choses à l'extrême ,
sans pour cela cesser de soutenir le
fond du droit avec affirmation , &
d'une maniere qui fasse connoître
que rien ne peut faire céder.

Appli-
cation de
la regle
précéden-
te.

Tel est par exemple le cas de la
préséance que l'usage a établie
entre les différentes Puissances, &
sur laquelle on ne doit jamais admettre aucun tempérament. Ce
relief est souvent aux yeux du public plus précieux à conserver
qu'un avantage réel de possession ;
ainsi il ne faut pas craindre d'exposer l'un au hazard , pour soutenir l'autre. On ne parle pas ici
d'une prétention imaginaire , ou
seulement vraisemblable, mais d'un
droit acquis , & dont l'usage an-
cien fasse le titre. Il seroit aussi
honteux au Ministre , qui auroit

un pareil droit à foutenir, de l'a-
bandonner, qu'il feroit répréhen-
fible de vouloir convertir en droit
une fimple prétention ; & il n'eft
pas douteux que dans l'un & l'autre cas le Miniftre devroit être dé-
favoüé & châtié de ce qu'il auroit
fait qui auroit compromis fon
Maitre. La lecture de l'Hiftoire
nous apprend combien on a été attentif en tout tems à ce qui pouvoit intéreffer la repréfentation
des Souverains.

Quand on conçoit aifément, &
que les idées s'arrangent avec netteté dans l'efprit, il eft impoffible
que l'on ne parle pas avec facilité. Cette facilité eft une partie
bien utile au Negociateur, elle
fait que fes penfées fe dévelopent
mieux & d'une maniere plus commode pour ceux avec qui l'on traite. Les chofes qui paroiffent moins
étudiées & moins méditées infpi-
rent naturellemenr la confiance &

trouvent une créance plus facile. Il ne faut pas que cette facilité naisse de la présomption ou de la legereté. Ce seroit alors un défaut dangereux, aulieu d'être une qualité avantageuse; elle doit avoir pour principe une conception vive & un usage de combiner promptement, ensorte cependant que celui qui s'explique aisément ne perde rien du côté de la réflexion. Cette facilité n'est donc pas de l'espéce des choses qui peuvent s'acquérir promptement, c'est un fruit qui a son tems de maturité plus ou moins avancé, & que même certains génies ne peuvent jamais produire.

Elle dépend encore beaucoup d'une parfaite connoissance de la langue dans laquelle on traite. Et souvent on ne connoit pas la sienne propre. La valeur des mots, l'art de les placer sont deux points d'étude ausquels on ne s'applique pas assés.

Il est vrai cependant que la même
pensée rendue differemment fait
aussi des impressions différentes.
Or le simple usage de parler sa langue naturelle même correctement
ne suffit pas pour sentir cette différence & cette délicatesse, qui ne
peuvent être que le fruit d'une application suivie à connoître toute
la force & le véritable sens des
mots.

S'il est important à un Négociateur de bien posséder sa langue, il
ne doit pas moins bien sçavoir celle dans laquelle on lui parle. Sans
cette connoissance, il ne jugera
qu'imparfaitement de la force de
ce qu'on lui dira, il ne distinguera
pas certaines finesses ; le sens juste
& précis de certaines choses lui é-
chapera; il hésitera à répondre, ou
pourra ne pas répondre à propos &
convenablement ; & c'est une des
raisons pour lesquelles on a de-
mandé dans la Préface à ceux qui se

destinent à la Negociation, de bien apprendre les langues vivantes, & de profiter de l'âge auquel les ressorts de la mémoire sont plus fléxibles, pour en porter la connoissance à une plus grande perfection.

Les graces personnelles qu'on n'est cependant pas maître de se donner, sont encore à désirer dans un homme destiné à la Negociation. Les hommes se prennent souvent par l'extérieur, & c'est par-là qu'ils jugent d'abord, avant que la connoissance de l'intérieur les mette en état de porter leur jugement sur les qualités du fonds. On peut donc beaucoup gagner par l'extérieur; un visage ouvert, un regard doux, une taille avantageuse, un air de noblesse & de dignité, des graces dans la maniere de se présenter, de l'agrément dans le langage, du sçavoir vivre, sont des choses qui préviennent favorablement.

Ce n'eſt pourtant pas une regle infaillible. Il y a des gens qui avec des défauts de conformation ont une belle ame, & à qui l'on feroit injuſtice, ſi on les jugeoit par l'extérieur. Ceux-là ſont malheureux en ce que du premier abord ils ne préviennent pas en leur faveur, & que même à la longue ils ne gagnent qu'avec les connoiſſeurs. Or le nombre en eſt petit, quoique tout le monde prétende l'être ou veuille le paroître.

Dans le cas d'option, il n'eſt pas difficile de choiſir, & il n'y a même pas à balancer; mais, à mérite égal, on doit donner quelque préference à ceux que la nature a doüés des avantages extérieurs. A parler ſenſément, & à ne conſidérer la choſe qu'en elle-même, ces avantages ne devroient être comptés pour rien, mais il faut quelquefois ſe prêter aux caprices & aux foibleſſes des hommes, parce qu'on est obligé de vivre avec eux, & que l'on tenteroit vainement de les corriger. Or l'objet du Négociateur étant de plaire, il faut qu'il tâche de rassembler tout ce qui peut le plus sûrement produire cet effet, & c'est une des grandes attentions qu'il semble que doivent avoir ceux qui sont chargés du soin de choisir les Négociateurs.

Mais pour réussir parfaitement dans ce choix, il y a encore bien d'autres considérations à faire.

Si un seul homme pouvoit rassembler toutes les qualités du cœur & de l'esprit, & les avantages extérieurs dont on vient de parler, il seroit propre pour tout Païs, & pour tout genre d'affaires ; mais, comme on l'a déja dit, il ne faut point l'esperer, & il n'y a personne qui ne differe en quelque chose du tableau général que l'on a crû devoir peindre. Or il n'y a pas deux genres d'affaires, pour ainsi dire, qui se ressemblent, comme il n'y a pas deux Nations dans le monde, ni deux Gouvernemens qui n'aïent des caracteres absolument différens : ensorte que le même homme ne pouvant convenir ni à tout, ni partout, quoique doüé d'excellentes qualités, ceux à qui il appartient de choisir les instrumens de leur politique doivent adapter chaque homme au genre d'affaires, & au caractere de Nation pour lesquels il peut être le plus propre.

Pour suivre une longue Negociation, il faut un homme patient & tranquille.

S'il faut brusquer une affaire, on cherchera un homme décidé.

S'il faut conseiller des partis hardis, on ne se servira pas d'un esprit timide.

S'il faut discuter une affaire contentieuse, on choisira un homme d'étude, profond, capable de bien disputer le terrein.

Sur le choix des Ministres & les qualités rélatives au genre de la Negociation.

Une affaire d'arrangement demandera un homme capable de détails.

S'il ne s'agit que de représentation, on choisira un homme magnifique, généreux, aimant personnellement le luxe & la dépense.

La connoissance des maximes de chaque Gouvernement, du caractere des Princes & de leurs principaux Ministres, doit encore entrer pour beaucoup dans le choix que l'on fait des Negociateurs. Selon les notions que l'on en a, on choisira un homme vif ou temperé, plus ou moins susceptible de confiance ou de défiance ; facile en affaires, ou épineux ; un homme liant, ou un homme ferme ; un homme souple, ou un homme haut; un travailleur, ou un homme de societé ; un Magistrat, ou un Militaire ; un homme du monde, ou un homme de cabinet ; un homme de grande naissance, ou seulement un homme me d'un état honnête ; mais pour tous les endroits , & pour tous les genres d'affaire fans exception , il faut des gens que leur réputation annonce avantageufemenr dans le Païs où ils vont réfider. Si la bonne opinion les précede , le fuccès les accompagne prefque toujours , quand le fonds des affaires n'a pas des obftacles invincibles.

La nomination du Miniftre à un emploi , fixe les objets de fon application & de fon travail. Son premier foin doit être de prendre une connoiffance parfaite des affaires dont il doit être chargé. La lecture des papiers lui fait connoître les Negociations qu'il y a eues avec la Cour auprès de laquelle il va réfider ; leur origine , leur progrès , les obftacles qui s'y font rencontrés , la maniere dont ils ont été levés en tout ou en partie ; les perfonnes qui y ont contribué ; les moïens par lefquels on a réuffi ,

*Premieres connoiffances que doit prendre un Miniftre avant fon départ.*

l'usage que l'on a fait des succès, le caractere du Prince auprès duquel il est envoïé, celui de ses Ministres ou de ses Favoris; quels sont ses intérêts, ses facultés & ses ressources; quelle est la situation intérieure de sa Cour ; la maniere dont il convient de se conduire avec les uns ou les autres. Les conversations avec les Chefs du Gouvernement apprennent au Ministre nommé les desseins du Souverain, les intérêts qu'il veut ménager, les vûes qu'il veut faire réussir ; jusqu'où il veut porter ses engagemens ; quels sont ceux qu'il peut vouloir éviter; quel dégré de liaison & d'intimité il peut former avec le Prince à qui il envoïe un nouveau Ministre.

Mais ces différentes connoissances , quoique nécessaires à prendre, ne sont cependant pas toujours infaillibles , parce qu'un instant suffit pour changer la face des Cours. Celui qui avoit la princi-

Les différens change-

pale confiance en a souvent perdu beaucoup, avant qu'on s'en apperçoive. Le nouveau Favori inspire ses principes à son Maître, il les lui fait adopter, & souvent on retrouve le Prince dans des sentimens absolument différens de ceux dont on s'étoit fait l'idée. Le fonds des maximes mêmes change quelquefois ; ainsi il arrive fréquemment que l'on ne porte avec soi que des connoissances fausses quant à l'application, pour peu qu'il y ait quelque intervalle entre le tems de l'instruction, & le moment de l'arrivée au lieu de la résidence. *mens qui peuvent arriver avant qu'il se soit rendu au lieu de sa résidence.*

Malgré l'inconvénient de cet intervalle à certains égards, il seroit cependant à souhaiter qu'il y en eût assés pour qu'un Ministre pût apprendre l'Histoire & la Langue du Pais dans lequel il va résider. Il en peut résulter de grands avantages. On s'introduit plus facile- *Sur l'histoire & la langue du Pais.*

ment ; & aïant moins befoin de
tiers pour une infinité de chofes,
on eft bien plus fûr de ce que l'on
fait , comme de ce qu'on voit ou
qu'on entend.

Il n'eft pas moins néceffaire qu'un
Miniftre s'inftruife, autant qu'on
le peut faire de loin, des ufages du
Païs pour lequel il eft deftiné ; de
la maniere d'y vivre ; des chofes
qui y font bien ou mal reçues, afin
que dès le premier moment de l'e-
xercice de fon miniftere il puiffe
faifir le goût de la Nation, & fe
conformer aux affections de ceux
avec lefquels il doit vivre.

*Sur les inftructions.* L'ufage eft de donner aux Miniftres des inftructions par écrit, &
les Miniftres doivent même les
fouhaiter furtout pour des affaires
d'une grande importance, dans lefquelles les ordres par écrit doivent
faire leur décharge, parce qu'ils
font leur autorifation. Cependant
il y a beaucoup d'occafions dans

lefquelles , par excès de précaution, des ordres principaux ne font
donnés que verbalement. Mais de
quelque maniere qu'ils fe donnent,
il eft de la prudence de celui qui
forme les inftructions d'y répandre toute la lumiere & toute la
clarté poffibles , enforte qu'aucune
équivoque ne puiffe induire le Miniftre en erreur. Le Miniftre de
fon côté dòit tâcher de prévoir toutes les différentes fituations dans
lefquelles il peut fe trouver, toutes
les différentes tournures que peut
prendre l'affaire dont il doit être
chargé ; ce n'eft qu'en propofant
ainfi fes doutes qu'il peut s'éclair-
cir entierement , fe faire autorifer
pour tous les cas à prévoir , & fuppléer à ce qui échape fouvent à l'attention la plus réfléchie de celui
qui a dicté les inftructions. Il faut ,
pour ainfi dire, difcuter avec le Miniftre de fon Maître les affaires
dont on va être chargé , comme on

feroit avec l'Etranger même, afin d'en mieux connoître la portée & l'étendue, le fort ou le foible ; de fixer les raisons dont on peut se servir, de déveloper d'avance les objections qui peuvent être faites, & de déterminer les réponses propres à les faire tomber. Un Ministre intelligent, loin de s'attacher à des doutes frivoles, sçait saisir l'essentiel, & regarder tout ce qui ne l'est point comme devant être ramené à l'objet principal. Et en effet il y a une infinité de cas particuliers qui se décident d'eux-mêmes, quand on entend bien le fonds de son affaire, & que l'on est assés ferme sur les principes généraux, pour y ramener tout, pour ainsi dire, comme à un point de ralliement. Voilà ce que produit le discernement, & un jugement sain, qui frape toujours au but principal. La maniere de douter & les objets des doutes d'un Ministre

qui s'instruit, le caractérisent ordinairement assés pour juger d'a-
vance de la façon dont il s'acqui-
tera de son ministere , au moins
quant à l'essentiel , lorsqu'il en aura commencé les fonctions.

Si ce que l'on vient de marquer
doit faire l'objet principal de l'attention du Ministre , qui se prépare à partir , il y a encore des soins
domestiques , ausquels il est nécessaire qu'il se livre , & qui tout indifférens qu'ils paroissent au premier coup d'œil , n'ont cependant
pas une médiocre influence sur le
succès du Ministre.

L'usage a attaché une folle idée
de dignité au choix d'un corps de
Domestiques de belle représentation , & à celui d'un riche ameu-
blement ; il faut se prêter à cette
folie , puisque l'opinion des hommes en a fait une partie de la représentation.

Un soin plus important encore

Détail
sur l'inté-
rieur de la
maison
du Mi-
nistre.

doit occuper le Miniftre , c'eft celui d'avoir des Domeftiques fages,
moderés , ennemis des incidens ; il
faut furtout qu'ils foient fidéles ,
enforte qu'on foit en sûreté contre la féduction qu'il n'eft que trop
ordinaire que l'on emploie , pour
être inftruit de ce qui fe paffe dans
l'intérieur d'une maifon , de ceux
qui la fréquentent , foit Natio-
naux , foit Etrangers ; des Cour-
riers qui y arrivent , ou de ceux qui
en partent ; enfin de mille circonf-
tances qui paroiffant indifféren-
tes, peuvent cependant donner des
indications dont on fçait profiter. Auffi eft - il à fouhaiter ,
pour le bien du fervice, qu'un Miniftre fçache fe faire aimer dans
l'intérieur de fa maifon. Le fenti-
ment eft de tous les états, & l'on eft
d'ordinaire fervi fidélement par
ceux que conduifent l'attachement
& la reconnoiffance des bons traitemens. Or on n'apporte pas à ce

choix une attention suffisante, parce qu'on n'est pas assez convain-cu de son importance.

Si la fidélité en cette espéce de gens est si désirable, combien ne doit-elle pas être éprouvée dans celui qui est appellé aux fonctions de Secretaire ; c'est une matiere en elle-même si délicate, que l'on est toujours étonné de voir les Ministres en prendre le choix sur leur compte, & ne s'en pas raporter au Gouvernement qui est censé connoître mieux les sujets, ou qui du moins, s'il est trompé, ne peut rien reprocher à ceux qui s'en sont remis à lui. Le silence, la fidélité & le secret doivent regner dans toute Sécretairie ; & le Ministre ne peut y veiller trop attentive-ment. Ceux qui se destinent à cet état, ont besoin d'être plus ver-tueux que d'autres.

Quelle que soit la mission du Mi-nistre, les premiers devoirs qu'il a

Sur le choix des Secretai-res.

Premiers devoirs du Ministre arrivant dans le Païs étranger.

à remplir dans le Païs où il arrive sont ceux de politesse & de bien-séance. Le premier objet en est le Ministre principal, ou celui à qui la correspondance avec l'Etranger est confiée. Ce n'est pas ici le lieu d'examiner s'il lui doit ou non la premiere visite. Ce fait particulier varie selon les Païs, & selon le caractere du Ministre qui arrive. En tout Païs le premier soin doit être de faire notifier son arrivée par la personne de sa maison la plus quali-fiée. C'est ordinairement un Gentilhomme ou un Secretaire.

Objet ordinaire de sa premiere entrevûe.

La premiere entrevûe se passe ordinairement en propos généraux qui de part & d'autre ne tendent qu'à se connoître réciproquement, & à démêler le fonds du caractére. Rarement dans ces occasions on traite d'affaires ; à moins qu'on ne soit attendu pour cela, & que l'im-patience de part ou d'autre n'y donne lieu, ou que certaines cir-

conſtances particulieres ne l'exigent.

L'objet de cette premiere con-
verſation avec le Miniſtre eſt de
lui communiquer les Lettres de
créance, & de ſe ménager le moment de les remettre bien-tôt au
Souverain lui-même.

Com-
munica-
tion des
Lettres de
créance.

Dans chaque Païs on ſçait quel
cerémonial eſt dû à chaque caractere, à proportion du rang que
tient le Souverain qui envoïe &
celui qui reçoit le Miniſtre ; &
comme cet article fait toujours
partie des inſtructions, il n'eſt queſtion que de conſtater les faits &
d'aſſurer la forme de la réception.
Ce ſont même de ces choſes ſur leſquelles il faut ſçavoir ſe prêter en
ce qui n'eſt pas contraire au fonds
des prérogatives, quand on a fait
reconnoître le droit, & que le Prince auprès de qui l'on doit réſider
ſouhaite quelques complaiſances
pourvû qu'elles ſoient accompa-

Céré-
monial.

Dans
quel cas
& à quel-
les condi-
tions on
peut ſe
relâcher.

gnées des précautions nécessaires, afin qu'elles ne tirent point à conséquence, & qu'elles ne puissent servir d'exemple. Si l'on s'y refusoit, on courroit risque de se rendre désagréable personnellement , & ce seroit mal servir son Maître dès le commencement que de donner lieu à des préventions contre soi.

La remise des Lettres de créance doit être accompagnée d'un compliment au nom du Prince qui envoïe. Ce compliment quoique conçû ordinairement en termes généraux, doit être propre aux circonstances , & tourné d'une maniere agréable & flateuse pour le Prince auquel il est adressé.

Indépendamment de ce que le compliment contient de la part du Prince au nom duquel on parle, il est de la bienséance ; il est même nécessaire que le Ministre y ajoute des assurances de son respect personnel & du désir qu'il a de se rendre agréable par sa conduite aux yeux du Prince auprès duquel il va résider. Ces sortes de discours ne peuvent être trop simples par l'expression, & ils ne doivent être relevés que par la noblesse des pensées & du sentiment.

Ordinairement les Princes répondent avec bonté à ces complimens, ou du moins ils les reçoivent avec des démonstrations extérieures satisfaisantes pour le Ministre, & qui font juger que ni sa commission, ni sa personne ne sont point désagréables.

En même tems que l'on remplit envers les personnes les plus considérables les devoirs compatibles avec la dignité du caractere, il y a aussi des civilités d'usage à observer avec les autres Ministres Etrangers qui y résident. Elles se reglent sur le caractere different des Ministres ou sur le rang de leurs Principaux ; & le Ministre y joint plus

Visite aux Gens en place & Ministres étrangers résidens dans la même Cour.

ou moins d'empreſſement , ſelon ce qu'il ſçait des ſentimens & des diſpoſitions de ſa Cour.

Quoique ces premiers tems ſemblent n'être conſacrés qu'à un vain cérémonial d'uſage, ils ne ſont pas totalement inutiles au Miniſtre qui doit dès le commencement travailler à connoître les caractcres & à ſe rendre agréable par la maniere dont il remplit ces premieres civilités. De-là dépend , comme on l'a dit , le premier jugement que l'on porte de lui. D'ailleurs dès ces premieres cérémonies, il peut tirer des indications pour diriger les liaiſons qu'il doit former , & dont le choix eſt peut-être la choſe la plus délicate pour un Miniſtre.

Rien , par exemple , ne ſeroit moins convenable pour un Miniſtre , ni plus dangereux que de ſe lier intimement avec des perſonnes déſagréables au Gouvernement. Ce ſeroit donner lieu à des soupçons fâcheux & à des défiances contraires à l'objet que le Ministre doit se proposer. Quand ces soupçons porteroient à faux, ils sont toujours longs à détruire, parce que les hommes en général reviennent difficilement des préventions que la vrai-semblance autorise. Ce n'est pas que le Ministre doive partager les démonstrations du mécontentement, ou de la défiance qu'il voit subsister contre quelqu'un, mais il y a sur cela un juste milieu à observer, qui n'échape pas à un Ministre sage & circonspect.

*sons qui pourroient être désagréables au Ministre.*

D'ailleurs, si le Ministre est obligé par les circonstances, ou par les ordres de son Maître de marquer de l'attention, & d'avoir des ménagemens pour quelqu'un qui est dans un état de disgrace, il y a maniere de le faire sans qu'il en puisse naître aucun inconvénient, & sans manquer pourtant au person-

*Maniere de se conduire avec les personnes disgraciées qu'on est obligé de ménager.*

nel. Il n'y a dans un pareil cas, ou l'on ne croit pas du moins qu'il puisse y avoir personne assés déraisonnable pour exiger plus que des attentions secretes. Des attentions marquées le compromettroient, & on devroit s'y opposer si un Ministre étranger étoit assés peu circonspect, pour s'éloigner des ménagemens convenables.

Éviter d'être d'aucun parti.

Ce qu'un Ministre doit le plus éviter est ce qui le feroit paroître homme de parti. Il doit ne se mêler d'aucune intrigue particuliere, parce qu'il porteroit préjudice aux intérêts de son Maître, en perdant nécessairement la confiance de ceux contre lesquels il s'éleveroit. N'étant d'aucune faction, conservant une égalité de correspondance avec tout le monde, & connu pour incapable de sacrifier le secret qui peut lui être confié, il devient nécessairement le confident de tout le monde, & se voit également

également bien traité partout.

Quelqu'empire que l'on puisse avoir sur soi-même, il est impossible qu'on ne s'aveugle, & qu'on ne se passionne pour le parti auquel on vient à se livrer. On voit avec des yeux prévenus tout ce qui vient de l'autre part, on en juge mal & l'on donne par conséquent de fausses idées à son Maître.

Le Prince même auprès duquel on réside peut avec raison trouver mauvais que le Ministre étranger excede sa mission, en se mêlant dans des intrigues de Cour. Rien ne doit naturellement lui être plus suspect, & il n'est point étonnant qu'on souhaite & qu'on demande le rappel d'un pareil Ministre. Sa conduite alors est d'autant plus repréhensible, qu'on la peut croire autorisée par des ordres supérieurs. Aussi le point le plus important à recommander à un Ministre avant qu'il parte, est de tâcher d'être

Raisons de cette conduite.

F

bien inſtruit, mais d'être ſimple-
ment ſpectateur. Le plus grand
obſtacle à être bien & ſûrement
inſtruit, eſt de ſe rendre acteur.

Ce n'eſt pas qu'un Miniſtre doive
avoir une égale confiance pour
tout le monde. Il doit y mettre des
bornes plus ou moins étendues,
ſelon ce qu'il connoît des intentions : Car ſi dans l'intérieur tout
le monde étoit traité avec une
exacte égalité ; on n'auroit jamais
d'ami ſur lequel on pût compter
par préference. Or il y a une infinité d'occaſions, dans leſquelles on
eſt bien heureux de pouvoir trouver de vrais amis.

Il eſt naturel auſſi pour le bien
du ſervice que le Miniſtre ſe lie
A qui un<br>Miniſtre<br>doit s'at-<br>tacher de<br>préferen-<br>ce. plus étroitement avec celui qui a
le plus de crédit, ou le plus d'in-
fluence dans la déciſion des affaires.
S'il ne le faiſoit pas, il manque-
roit à une partie eſſentielle de ſon
devoir, & perſonne ne peut ſe

plaindre d'une préference nécessaire qui se trouve déterminée par le goût, ou par la confiance du Prince. Il n'y a qui que ce soit qui à la place du Ministre ne se conduisît, ou ne dût se conduire de même. Il n'est pas raisonnable de sçavoir mauvais gré à quelqu'un, qui ne fait que ce que nous ferions nous-mêmes.

Il peut arriver que celui à qui les circonstances nous engagent à montrer de la confiance & de l'attention, n'en seroit pas toujours estimé le plus digne, si nous n'avions à suivre que notre sentiment intérieur & les mouvemens de notre prédilection ; mais l'homme public, comme un Ministre, ne peut pas toujours suivre ces mouvemens; il faut souvent qu'il les fasse céder à des considérations supérieures, comme l'intérêt des affaires, qu'il est obligé de conduire par les indications qu'il tire du

*Ce qui doit le déterminer dans ses liaisons.*

Païs où il réside. En effet à quoi serviroit-il de vouloir combattre le goût du Prince, quand on n'a pas de preuves que les préventions de celui à qui il a donné sa confiance, nuisent aux affaires dont on est chargé ? Il est même bien dangereux de rompre ouvertement avec ceux que l'on croit qui doivent être tenus pour suspects. On y succombe ordinairement, ou si par hazard on y réussit, on se fait un ennemi irréconciliable, dont la haine & le ressentiment se perpetuant de race en race pousse souvent bien long-tems après des rejettons dont on a oublié la naissance ; mais qui n'en sont pas moins dangereux. Or le grand talent du Ministre est de ne point susciter d'ennemis à son Maître & à son Païs.

Les connoissances que le Ministre a prises avant son départ pouvant aisément porter à faux, ainsi qu'on l'a déja fait remarquer, il ne doit pas en faire déterminément la régle de ses jugemens ; elles lui doivent seulement servir d'indications pour vérifier plus aisément les choses par lui-même , & pour fixer ensuite sur cette vérification sa maniere de penser & d'agir. Il y a en ce genre beaucoup de choses que l'on peut déveloper par ses propres lumieres , mais il y en a aussi sur lesquelles il faut nécessairement s'en rapporter au témoignage des autres.

*Comment on doit regarder ses instructions dans de certaines circonstances.*

Ce témoignage est souvent fort équivoque, & c'est-là que le Ministre a besoin de toute sa sagesse pour déveloper les motifs, les affections ou les intérêts de ceux qui lui parlent. Un ennemi du Ministere ou du Gouvernement ne donnera que des idées défavorables de ses maximes ; un homme prévenu en sa faveur ou gagné lui en fera le portrait le plus flateur. Les ani-

*Danger de se livrer aux raports d'autrui.*

mosités personnelles , les haines de
famille peindront avec de fausses
couleurs les caracteres de certains
Ministres principaux. L'envie de
leur nuire fera donner des conseils
dangereux. Il y a cependant une
infinité d'occasions dans lesquelles
les relations d'un Ministre n'auront été puisées que dans des raports suspects. Elles passent pour
solides, on bâtit sur ces fondemens,
& par conséquent l'édifice porte à
faux. Un Ministre sage doit donc
écouter tout le monde ; mais il ne
doit s'arrêter aux idées qu'on lui
présente , qu'après les avoir com-
binées par tout ce qui peut en faire la preuve; & quand il l'a trou-
vée évidemment , c'est alors qu'il
doit se fixer.

Le Prince auprès duquel on réside , est la personne qu'un Ministre a le plus de peine & en même
tems le plus d'intérêt à connoître;
les occasions de l'aborder sont plus

Impor-
rance &
difficulté
de con-
noître les

rares, les Princes se communiquent moins que les autres hommes ; on est plus circonspect avec eux en ce genre de propos , dont l'effet , ou l'impression dévelopent plus aisément les autres hommes. C'est cependant une étude importante & nécessaire pour apprendre à leur plaire, non en flatant leurs défauts, ou en loüant leurs vices s'ils en ont ; mais en ne faisant , ni ne disant rien qui puisse heurter de front leur maniere de penser.

Il est rare que l'on traite d'affaires avec eux directement , ou du moins quand on leur parle , ils sont préparés par leurs Ministres. Mais comme la fidelité des Ministres exige qu'ils présentent à leur Maître les affaires dans le sens & la forme qu'on leur a donnée : il est essentiel que le Ministre étranger connoisse assés le caractére du Prince , pour pouvoir donner à ses propositions une tournure capable de

sentimens du Prince auprés duquel on réside.

F iiij

faire impreſſion ſur lui, & de le perſuader, quand elles ſont remiſes ſous ſes yeux.



Quoique l'on puiſſe penſer ſur le caractere du Prince, il eſt de la ſageſſe d'un Miniſtre de ne jamais laiſſer échaper le moindre mot dont on puiſſe lui faire un démerite. Rien n'oblige à dire du bien, ſi l'on n'en penſe pas; on ne le doit même point, parce que le menſonge eſt toujours déteſtable ; mais le reſpect ne permet pas de dire le mal que l'on pourroit ſçavoir. Les Princes, élevés qu'ils ſont au-deſſus des autres hommes, pardonnent encore moins les indiſcrétions dont le ſujet peut les bleſſer ; & les impreſſions de cette eſpéce ſe gravent ſi profondément, qu'elles ne s'effacent, pour ainſi dire, preſque jamais.

La perſonne des Miniſtres, après celle des Princes, doit être reſpectée dans tous les diſcours d'un Mi-

niſtre étranger. Il eſt aiſé de ſentir qu'étant les canaux néceſſaires par leſquels les affaires paſſent
juſqu'au Prince, ils doivent être
traités avec ménagement, enſorte
qu'il ne leur revienne rien, qui
puiſſe faire ſuppoſer, ou que l'on
ait de l'averſion pour eux, ou qu'-
on les méſeſtime. Ils ſont hommes
comme les autres; & ils ont plus
les moïens d'exercer leur vengean-
ce. Or le Miniſtre étranger doit
toujours avoir devant les yeux cette vérité, qu'il ne peut lui échaper ni démarche, ni parole capables de le décrediter, qui ne faſ-
ſent tort à ſon Souverain lui-même, & aux affaires dont il eſt dépo-
ſitaire, & qui réuſſiſſent bien ou
mal ſelon la maniere dont elles
ſont conduites.

La connoiſſance des familles eſt
encore eſſentielle à acquérir, pour
fixer le choix des compagnies à aſ-
ſortir dans le cours ordinaire de la

*Même égard que l'on doit avoir pour leurs principaux Miniſtres.*

*Combien il eſt avantageux de*

société. La représentation, & l'utilité des affaires exigent que le Ministre rassemble souvent compagnie ; s'il ignore quels sont ceux qui se conviennent, & qui se trouvent volontiers ensemble ; il ne pourra tirer aucune utilité de ces occasions, parce que des convives qui sont en défiance, ou en inimitié les uns contre les autres, ne se livrent point à la conversation, ni aux agrémens de la société.

Or c'est un inconvénient que le Ministre doit fuir avec soin, & qu'il ne peut éviter, qu'autant qu'il est parvenu à une connoissance exacte de l'intérieur du Païs dans lequel il réside.



Si la connoissance des caracteres est importante, celle des faits ne l'est pas moins pour le service momentané du Maître que l'on sert ; & souvent un fait découvert de bonne heure & communiqué à propos à celui à qui l'on doit compte de ses actions, décide du sort de ses plus grands intérêts. Il y a, pour acquérir cette connoissance, plusieurs moïens qui dépendent de l'intelligence du Ministre & de son attention à faire sur les différentes indications, les combinaisons propres à produire une démonstration. C'est le Chef-d'œuvre du Negociateur en ce genre. Il est un autre moïen, qu'à la vérité on ne peut trouver ni louable, ni honorable ; c'est celui d'avoir des espions gagés & de corrompre des gens instruits. On sçait qu'il n'y a presque personne qui ait du scrupule à emploïer ce moïen, & qui n'espere s'en faire un mérite auprès de son Maître. Le Ministre y met assûrément peu du sien ; l'or en est le seul instrument ; & tout ce qui en cela peut dépendre de l'intelligence du Ministre, c'est de bien choisir les personnes sur lesquelles il place ses bienfaits ou sa liberalité. On se feroit lapider peut-être dans le monde politique, si on vouloit déterminément interdire aux Ministres cette ressource pour être instruits ; mais qu'il soit permis du moins de ne conseiller d'y avoir recours qu'au défaut de tous autres moïens. J'ai un mépris décidé pour ceux qui sont capables de ceder à la séduction, & je déteste presqu'autant la voïe par laquelle on arrive jusqu'à eux, que j'ai en horreur ceux qui se laissent aborder pour trahir leur devoir & leur Maître.

Il faut même convenir que ce moïen est souvent dangereux ; & qu'on peut être aisément battu par ses propres armes. On ne peut assûrément se fier à un traître ; & rien n'est plus ordinaire que de païer cherement de faux avis, dont on démasque difficilement la fausseté, si l'on n'a pas l'habileté de puiser dans la même source par deux voïes, qui inconnues l'une à l'autre puissent servir, pour ainsi dire, d'un contrôle sûr de la vérité.

L'obligation journaliere du Ministre, est de rendre compte à son Maître de tout ce qui vient à sa connoissance. Ce n'est pas la partie du ministere la plus difficile ; mais il me paroît qu'elle doit tenir place dans l'instruction générale que je me suis proposé de donner.

La plus essentielle attention du Ministre doit être l'exactitude dans les faits qu'il rapporte ; il ne doit ni en affoiblir, ni en charger le coloris ; il doit marquer distinctement ceux qu'il croit sûrs ou douteux, & détailler les raisons qui lui font porter l'un ou l'autre jugement, afin que sa Cour puisse en peser la valeur. Il ne doit pas flater son Maître par le choix des choses qu'il mande, ni par la maniere dont il les écrit. Sa mission

Sur la maniere de rendre compte à son Maître.

n'est pas de le tromper, mais de l'éclairer. C'est dans ce même principe qu'il doit communiquer ses pensées, & ses réfléxions sur l'usage qu'il croit que l'on peut faire des faits dont il rend compte ; il suffit qu'il les soumette au jugement superieur de celui à qui il appartient d'en décider. Mais il ne rempliroit qu'imparfaitement ses obligations, si dans l'occasion il ne proposoit pas son sentiment, comme il feroit dans le Conseil même de son Maître, où on liroit les relations des Ministres résidens en Païs étrangers. A la vérité, son avis peut n'être pas bon relativement à une infinité de combinaisons générales qu'il ne peut pas faire. Mais on ne peut lui demander, que de raisonner conséquemment sur les faits dont il est à portée d'être instruit, & tels qu'il les sçait. Cette réflexion sur la généralité des combinaisons

doit empêcher le Ministre de s'attacher à son avis, & de se passionner pour son sentiment ; & la do-
cilité dans le cas où il s'est trompé, est son partage nécessaire, s'il
n'est occupé que du soin de bien
servir son Maître; car quelquefois
il arrive que le Ministre se trompe même sur les faits qui se passent
sous ses yeux, & qu'il croit cependant décidés par les conjectures
qu'il a formées. Il ne faut pas qu'-
aucun retour d'amour propre ou
aucune peine personnelle l'empê-
chent de recevoir la lumiere qui
lui vient de plus haut. Il est nécessaire qu'il en profite, soit pour se
rectifier sur l'objet de ses conjectures, ou pour les former plus justes une autre fois.

En même-tems que le Ministre
est essentiellement obligé de man-
der l'exacte vérité, il faut convenir qu'il y a maniere de remplir ce
devoir. Les faits favorables ou dé-

*Qu'un Ministre ne doit pas se passionner pour son sentiment.*

*La soumission qu'il doit avoir pour les ordres qu'il reçoit de sa Cour.*

favorables doivent être rapportés
dans toute leur précision ; mais il
faut que les réflexions qui les accompagnent soient exemtes de
passion. Souvent un Ministre qui
ne se croit pas assés bien traité, ou
assés consideré dans une Cour, em-
poisonne les choses les plus simples.
D'autres fois, s'il voit que le goût
de la bonne intelligence ne sub-
siste pas entre le Prince qu'il
sert & celui auprès duquel il réside : il croit faire sa cour en ai-
grissant les choses, & en donnant
des conseils violens. Cet intérêt
particulier a souvent des suites
dangereuses. Si le Ministre en est
crû par son Maître, les choses sont
bien-tôt portées à l'extrême ; ou si
le Conseil est plus sage, il blâme
intérieurement l'excès des relations.

Par les contraires, il ne faut pas
que le personnel, comme l'envie
de rester dans un Païs, ou le desir
de

de conserver une place utile , influe
sur les conseils qu'un Ministre
donne à son Maitre. En un mot
il faut se dépouiller de soi-même
pour le bien servir , en se mettant à
sa place dans toutes les occasions
importantes où l'on pourroit craindre les retours de l'interêt personnel.

En effet la façon dont on rend
compte contribue beaucoup à la
maniere dónt sont dressées les instructions que l'on reçoit : ensorte
que le Ministre travaille pour ses
propres succès, quand ses relations
sont telles , que les réponses puissent avoir de la netteté & de la
précision. Il faut qu'il en donne l'e-
xemple , en écartant les faits & les
réflexions inutiles , en présentant
toujours le fait principal sans nulle obscurité , & en faisant sentir le
but auquel il croit que doivent
fraper les ordres qu'il demande ou
qu'il attend.

G

Les instructions qu'on envoïe à un Ministre doivent toujours avoir trois objets. Premierement, l'exposition de ce qu'on désire qu'il fasse ; secondement, la raison des ordres qu'on lui donne, & leur fin ; troisiémement, l'indication des moïens que l'on croit qu'il doit emploïer dans l'exécution. Cette méthode dans les instructions facilite au Ministre l'intelligence de ce qu'elles contiennent, parce que ces trois articles sont l'objet nécessaire de ses réflexions & de sa méditation sur les ordres qu'il reçoit. Sans cet examen, il ne jugeroit jamais avec certitude des changemens qu'il peut être obligé d'apporter à ce qu'on lui prescrit : au lieu qu'en lui mandant pourquoi on désire qu'il fasse telle ou telle chose, on le met à portée de mieux juger, sur les circonstances qui varient d'un moment à l'autre, s'il va au but qu'on se propose, en exécutant ponctuellement ce qu'on lui prescrit ; ou s'il doit y ajouter, ou en retrancher.

A l'égard du choix des moïens à emploier, il ne faut jamais gêner absolument un Ministre , parce qu'il doit être censé connoître assés toutes les parties de son terrein pour décider sur la méthode : à moins qu'on n'ait des raisons particulieres pour la lui prescrire. On embarrasseroit un Ministre , au lieu de l'aider , en le fixant absolument à de certains moïens. Il suffit qu'il entende, & qu'il sente bien ce que l'on veut de lui. Le choix de la méthode doit dépendre de son intelligence ; & quand même il n'auroit pas réussi , il ne faut pas le juger par l'évenement , mais indépendamment des succès, être content de lui, dès qu'il a agi conséquemment.

Si un Ministre reçoit des ordres, dont l'exécution puisse être désagréable à la Cour auprès de laquelle il réside, il faut qu'il use de certains ménagemens pour ne pas offenser, & que par sa maniere d'agir & de parler, il adoucisse les objets sans cependant les altérer. Qu'il les fasse entendre plûtôt que de les annoncer cruement ; qu'il emploïe la force des raisons, s'il en a, pour démontrer la justice des ordres qu'il exécute ; qu'il aide même ceux à qui il parle à trouver des expédiens pour concilier les choses, & prévenir certaines extrémités ; que personnellement il paroisse affligé de sa propre commission. Enfin il y a mille moïens qui adoucissant les déclarations les plus améres, en diminuent le ressentiment, ou font qu'il est de moindre durée.

Comment on doit s'acquiter des commissions désagréables.

Le Ministre chargé de solliciter & d'obtenir quelque chose de raisonnable & de possible, doit s'appliquer à en faire voir la raison & la

Maniere de se conduire par raport aux diffé-

possibilité. Il faut qu'il montre qu'aucun intérêt du Prince à qui il s'adresse ne s'y oppose , qu'il lui fasse envisager des objets de convenance & d'utilité , qu'il les lui suggére même,& les lui offre,s'il y est autorisé. Car jamais un Ministre ne doit engager son Maître au-delà de ce qu'il veut l'être.

Si au contraire on est autorisé à accorder quelque chose que désire la Cour auprès de laquelle on réside , un Ministre intelligent doit aller par dégrés pour placer à propos les condescendances qu'on a remises à sa disposition ; il doit en faire sentir tout le prix , mais toujours proportionnément à la valeur de la chose & aux circonstances ; car celui qui excéderoit cette proportion , loin de réussir,se feroit tourner en ridicule , & vantant une chose beaucoup au-delà de ce qu'elle peut valoir , il n'auroit plus d'expresfions, ni de moïens propres pour relever convenablement le mérite de quelqu'autre chose , qui par l'évenement seroit d'un plus grand prix.

Un Ministre a quelquefois des objets fixes de Negociation, comme des traités de paix après une guerre, ou des traités d'alliance ; c'est-là son triomphe, quand il a des talens supérieurs, & ce peut être aussi son écueil.

Il faut souvent avoir pendant long-tems jetté des propos, & laissé échaper des insinuations indirectes , pour faire naître le désir , ou l'idée d'une chose à laquelle on veut soi-même parvenir. C'est un premier pas qu'il faut faire avec habileté , mais qu'il faut accompagner de patience. Quelquefois ces premieres démarches sont prématurées par la nature des circonstances , & parce que l'intérêt de ceux à qui l'on s'est adressé ne leur conseille pas encore d'y répondre ; c'est un grain qui quoique semé en bonne terre & dans une saison convenable a besoin d'un certain tems pour germer. L'impatience en retarderoit le produit ; & il n'est point de genre de culture qui n'ait ses tems de repos, comme de travail.

Quelquefois la crainte de n'avoir pas été entendu donne lieu à revenir mal-à-propos à la charge ; cela n'est pardonnable qu'à des Negociateurs nouveaux, qui croient que les affaires doivent marcher au gré de leur ardeur.

*Défaut ordinaire aux jeunes Ministres.*

On peut cependant aussi tomber malgré soi dans cet inconvénient, quand les événemens nous pressent, ou que certaines circonstances nous forcent. C'est dans ces occasions principalement que le Negociateur a plus besoin de talens pour dérober le plus qu'il peut des motifs, ou de la grandeur de l'impatience, que ses démarches re-

doublées font nécessairement ap-
percevoir.

Lorsqu'on est enfin convenu des
deux parts de traiter, il naît de
cette nouvelle face de l'affaire,
un nouveau genre de travail ; c'est
de peser les conséquences, & l'objet des engagemens qu'on nous demande, & de combiner par comparaison l'étendue & la force de
ceux que nous pouvons réciproquement demander.

S'il n'est question que d'alliance
générale sans spécification d'aucun
cas particulier, & que les Puissances qui traitent ensemble soient
à peu près en égalité de forces & de
considération, il ne s'agit que de
rendre les conditions réciproques,
parce que ces deux points d'égalité réunis ensemble font égalité
dans le tout.

S'il s'agit de s'engager sur quelqu'intérêt particulier existant ou
prévû, la Puissance à laquelle on

s'adreſſe ne manque pas de demander des avantages particuliers en
compenſation; ordinairement elle
excede dans les premieres propoſi-
tions le point auquel intérieurement elle eſt diſpoſée à ſe fixer ; &
c'eſt alors qu'un Miniſtre a beſoin
de toute ſa dexterité , pour tâcher
de faire réuſſir le plus , & ne ſe
réduire au moins , que quand il a
reconnu clairement l'impoſſibilité
de faire plus. Pour cela il doit bien
examiner la proportion qu'il y a
entre l'intérêt qui fait agir la Puiſ-
ſance qui demande , & l'avantage qu'il veut exiger en réciprocité.
C'eſt ſur cet objet de comparaiſon
qu'il agit , & qu'il ſe détermine
pour ſe rendre plus ou moins facile , & pour le choix du moment
où il doit placer ſes facilités & ſes
condeſcendances.

Ces commencemens de Negociation ſe paſſent d'ordinaire verbalement. On raiſonne plus libre-

ment que l'on n'écrit. On se rap-
proche, on convient de principes.
Un Ministre sage a l'attention de
les bien constater, ensorte qu'il ne
puisse point rester d'équivoque sur
l'essentiel quand on en vient à la
rédaction par écrit ; le moment
en est extrêmement délicat, parce
que tout porte coup. L'une des
deux parties, ou toutes les deux
quelquefois rédigent leur projet.
Celui qui rédige n'y met ordinairement que trop d'art, & par conséquent celui qui examine & qui
se réserve la contradiction, ne peut
apporter trop d'attention, ni de
soin à ne rien passer qui puisse
être matiere à équivoque, ou
contraire aux principes conve-
nus verbalement, ou changer
l'objet, ou l'effet du Traité. Ce
n'est pas faire l'éloge des hommes que de dire qu'il faille un
examen si rigoureux, quand il s'a-
git de mettre par écrit ce qui a été

accordé verbalement. Il n'est pas question de peindre les hommes tels qu'ils devroient être, mais tels qu'ils sont en effet, c'est-à-dire, cherchant à prendre respective-ment de la supériorité les uns sur les autres, & à profiter des fautes qu'occasionne l'inattention ou l'in-capacité.



Or tout étant de rigueur dans les Traités, & les Traités devant être un ouvrage de bonne foi, ils ne peuvent être trop examinés, avant que d'être signés, ni conçus avec trop de netteté, afin que cha-que partie connoisse distinctement l'étendue de ce à quoi elle est obli-gée, ou de ce sur quoi elle peut compter dans les cas prévûs, ou existans.

Le préambule expliquant le mo-tif & l'objet du Traité, est propre-ment un récit historique qui doit être fidéle, afin de bien fixer & de bien définir l'intention des contractans, & de déterminer les principes sur lesquels on a négocié.

L'ordre des articles n'est point une chose indifférente, il sert à la netteté & à l'intelligence.

La distinction des matieres doit être faite avec scrupule, pour que des engagemens d'une étendue différente ne puissent pas être censés porter sur un même objet. De l'obscurité naissent des disputes sur la véritable intelligence ; & souvent la diversité d'opinions conduit de l'amitié sincére à la mésintelligence la plus fâcheuse.

Dans tous Traités, les engagemens généraux doivent précéder les engagemens particuliers ; & l'on place ensuite le détail des moïens que l'on convient d'emploïer pour l'exécution actuelle ou à venir.

Cet ordre qui est le plus simple & le meilleur, n'est cependant pas tellement de rigueur, qu'il ne

puisse jamais être renversé , & que
l'on ne doive point s'en écarter. Il
peut y avoir des cas particuliers
qui autorisent à ne pas suivre rigou-
reusement cette méthode. Il y a des
circonstances si pressantes , & des
momens si singuliers, dont on peut
vouloir profiter , que celui qui
négocie ne doit pas disputer pour
quelque terme de plus ou de moins,
quand il ne le pourroit faire sans
perdre une occasion unique , &
quand d'ailleurs il obtient le principal & le plus essentiel de l'objet
de ses instructions. Aussi voïons-
nous beaucoup de Traités défec-
tueux que nous ne blâmerions
peut-être pas, si nous étions instruits des motifs particuliers qui
ont pû & dû faire passer sur certaines irrégularités ; mais c'est un
intérieur qui échape nécessairement aux yeux du Public.

Quoique les pouvoirs qui autorisent un Ministre à traiter paroîs-

sent illimités, ils sont toujours bornés par le fonds des instructions qui les accompagnent; & cette limitation est tellement de rigueur, que le Ministre ne peut en être trop scrupuleux observateur. Il doit en effet dans des choses d'une si grande précision,& d'une si grande importance, éviter autant qu'il peut de rien prendre sur lui, sur les termes des engagemens, & sur leur étendue. Les inconvéniens en sont trop evidens, pour qu'il soit besoin de les détailler. Celui qui passe ainsi les bornes qui lui sont prescrites, non seulement trompe son Maître, mais rend un mauvais service au Prince avec lequel il traite, parce qu'il dépend toujours du Maître de ratifier ou non l'engagement pris par le Ministre qui a agi contre ses instructions. Un Ministre ne peut donc rendre compte trop régulierement du progrès de sa Negociation, des obsta-

cles qu'elle rencontre, des choses
qu'il peut prévoir qu'on lui demandera, du dégré jufqu'auquel il
croit qu'on fe prêtera à ce qu'il eft
chargé d'obtenir : afin qu'inftruit
à propos & de bonne heure des intentions de fon Maître fur la tota-
lité, il puiffe en faire plus sûrement un ufage utile, & ne point
s'engager fans un pouvoir fuffifant.

En effet, quand une affaire a plufieurs branches, ou plufieurs parties, il y a fouvent bien de l'art
dans la maniere de la traiter. Sçavoir accorder un article quand il
le faut, le contefter jufqu'à ce que
l'on obtienne en compenfation
quelque chofe qui y foit proportionné ; ne point féparer les matieres de maniere que celui avec
qui l'on traite puiffe tirer tout l'a-
vantage de la féparation, embraf-
fer tout fon objet, ne ceder du terrein qu'à mefure que l'on en ga-
gne d'ailleurs ; c'eft la pierre de

rouche du Ministre, principalement dans les Negociations générales de paix qui embraffent un grand nombre d'intérêts, & qui contiennent plufieurs demandes réciproques. C'eft le triomphe des talens; & tel Ministre, même foutenu par le fuccès des armes de fon Maître, fera une paix médiocrement avantageufe, où un autre obtiendroit les plus grands avantages.

La précipitation du Ministre eft l'ordinaire écueil dans ces occafions; fouvent elle vient d'un fonds dangereux d'amour propre. On regarde comme un grand honneur aux yeux de la posterité d'avoir mis fon nom au bas d'un Traité. Le tems efface les objets, & la pofterité voit le nom fans connoître ce que fouvent il a coûté au Maître. On ne veut pas manquer une occafion. Dès-lors on fe peint à foi-même comme impoffible, ou difficile, ce qui peut-être ne l'eft pas,

pas ; & dès qu'une fois on subor-
donne les intérêts publics aux
considérations personnelles, on ne
peut réussir, ni bien servir son Maître & sa Patrie. Il faut donc commencer par un entier oubli de soi-
même, ainsi qu'on l'a déja dit, &
se persuader que quel que soit le
succès, on est digne de louange &
susceptible de récompense, quand
on a fait tout ce qui a pû dépendre
de soi.

Souvent aussi il arrive que l'impatience du Negociateur, dans des
Traités de paix, vient du Gouvernement même au nom duquel il
traite ; mais le Negociateur doit
sçavoir la maniere de s'y prêter.
Il faut même qu'il travaille dans
ses relations à la rallentir quand
il voit démonstrativement qu'il y
a à perdre en se pressant trop, &
que moins de vivacité peut procurer de plus grands avantages.

*Comment on doit se prêter à l'impatience de sa Cour.*

Un Ministre n'a pas toujours une

negociation à suivre : ou le besoin & l'occasion n'y sont pas, ou le peu d'intelligence qui se trouve entre deux Cours ne le permet pas ; mais il n'est pas pour cela oisif, s'il veut remplir toutes ses obligations. Et c'est un préjugé que d'imaginer qu'il n'y ait pas d'occasion de mériter, quand on n'est pas chargé de negocier. C'est cette fausse opinion qui jette souvent un Ministre dans de grands inconvéniens par le désir de traiter, sans examiner si cela peut être utile au Maître. Il y a quelquefois au contraire un grand talent à sçavoir ne rien faire ; c'est une maxime dont il seroit à souhaiter que l'on fût bien convaincu, pour ne point engager mal-à-propos des affaires qui ne vont à rien, & dont souvent la rupture ne fait qu'un nouveau sujet d'aigreur.

Si deux Cours sont en mésintelligence, on a assés à faire à prévoir,

ou à empêcher l'éclat, à étudier la
Cour auprès de laquelle on réside,
à découvrir les desseins qu'elle
peut former, à déveloper les vues
qu'elle peut avoir, à dissiper des
préventions, si elles sont la cause
de la mésintelligence, à adoucir
certains sujets de mécontentement, s'il en existe ; à changer les
intentions des Ministres ou Favoris, s'il y en a qui soufflent le feu
de la division ; à justifier les torts
qu'on veut nous imputer, à faire
sentir ceux dont on croit avoir raison de se plaindre, à calmer les esprits, à dissiper des craintes mal
fondées ; enfin à en inspirer, si on
le croit necessaire, pour arrêter
des mesures que l'on a lieu d'ap-
préhender.

Une si grande multiplicité d'objets importans est plus que suffisante pour occuper un homme tout
entier : ils exigent une grande vigilance, une étude continuelle,



*Considé-rations sur les devoirs du Ministre dans une Cour qui est en mésintelligence avec celle de son Maître.*

une pratique non interrompue de
prudence & de sagesse, de douceur
& de fermeté. Quand un Ministre
est parvenu à ramener ainsi la bonne intelligence par ses soins assi-
dus, il a souvent plus travaillé que
celui qui a eu une negociation en
forme à suivre, & il doit être estimé avoir rendu un service signalé
à son Maître. S'il y a donc en de
pareilles situations quelque désa-
grément, il est bien compensé par
le succès & par le mérite qui y est
attaché.

    L'occupation n'est pas moins
grande, ni moins suivie pour un
Ministre auprès d'une Cour en
bonne intelligence avec la sienne.
Le soin de l'entretenir, & même
de l'augmenter, celui de cultiver
les Ministres, de connoître l'étendue de leur crédit, les causes par
lesquelles il peut diminuer ; de
prévoir quels sont ceux qui dans
des cas de changement, peuvent

*Succès flateur pour un Ministre.*

*Objet de ses occu-pations dans une Cour liée même a-vec la sienne.*

succéder à leur faveur ; de former des liaisons avec eux , de tâcher de leur inspirer des dispositions favorables , ou au moins des sentimens d'impartialité ; sont un travail continuel pour le Ministre , qui doit également porter ses vues sur l'avenir , comme sur le présent.

Une infinité d'autres objets doivent encore partager l'application du Ministre. La connoissance du caractère & du génie d'une Nation , de la forme générale du Gouvernement , de l'étendue & des bornes de l'Autorité souveraine , des Loix, de la Jurisprudence générale & particuliere , de ceux qui se distinguent dans quelqu'état que ce soit , du rapport & des liaisons qu'il y a entre les différentes familles , des revenus & des dettes de la Nation , de l'état du commerce , de ses défauts , des moiens propres à l'augmenter , des forces de terre ou de mer , de la si-

Connoissances indispensables à prendre dans le cours de sa mission.

tuation des Places forces, de l'état des Magazins & des Arfenaux, de l'ufage qui fe fait des fonds publics, des reffources que l'on en peut tirer dans des cas forcés, des talens des Généraux & Officiers, du progrès des Arts, de la faveur qu'on leur donne : enfin il n'eft point de partie du Gouvernement public qu'un Miniftre ne doive travailler à connoître, non par un examen fuperficiel & paffager, mais en fe liant avec des gens fages & inftruits en chaque chofe, ne s'en rapportant pas au témoignage d'un feul, ou d'un petit nombre ; mais confultant plufieurs perfonnes, combinant les raports des unes & des autres, & cherchant toujours le vrai par la combinaifon.

Obftacle ordinaire à ces connoiffances.

Pour faire avec fuccès ces différentes opérations, il faut fe dépouiller de tous préjugés de Nation, qui font que l'on blâme ou

que l'on estime peu ce qui ne
sort pas du sol natal, ou des mains
de ses concitoïens. Un Ministre
qui parvient à aprofondir ainsi
les choses, ne rend pas un mé-
diocre service à son Maître, puis- *Leur uti-*
qu'il lui fournit des connoif- *lité.*
sances utiles en beaucoup de
points, pour tous les cas qui peuvent arriver.

Pour remplir ces objets, il faut
se communiquer beaucoup, ac-
cueillir tous les gens de talens &
de réputation, se livrer à la dépen- *Ce qui les*
se, & sçavoir donner à propos à *procure.*
ceux qui peuvent nous fournir des
connoissances & des instructions.
Tout Ministre qui se renfermera
dans un intérieur serré & trop
économe, tirera peu d'utilité de
son séjour, & ne remplira pas l'essentiel de son devoir, qui est de
donner à son Maître un tableau
juste & frapant des Païs où il a résidé.

H iiij

*Réflexions sur la maniere de se conduire dans les Républiques.*

Il y a des lieux qui, soit pour le cours ordinaire de la societé, ou pour le succès des affaires demandent que l'on se rende extrêmément communicatif. Tels sont les Etats Républicains. Comme il y a un plus grand nombre de personnes qui composent le Conseil de Souveraineté, où se décident les grandes affaires, il y a aussi necessité de parler à chacun selon ce qui peut le mettre dans les principes qu'on veut inspirer; obligation de répéter souvent les mêmes choses aux uns & aux autres, intelligence dans la maniere de présenter le même objet sous la forme la plus convenable au caractére & au genie de chacun, afin que dans la déliberation commune, tous par différentes voïes puissent être amenés au même but. De même, comme la régie ou administration est repartie entre un plus grand nombre, quand on veut être instruit,

on eſt obligé de ſe communiquer
à plus de perſonnes. Ainſi il faut
dans les Païs Republicains des
Miniſtres fort populaires , & qui
ne craignent point la dépenſe, parce qu'elle eſt néceſſaire.

Cette attention à rechercher tout
le monde, ou cette eſpece de po-
pularité ne doit cependant être accompagnée de rien qui puiſſe faire
ſuppoſer qu'un Miniſtre voulût ,
comme il ne doit pas en effet , entrer dans le détail des affaires do-
meſtiques , ou profiter de la multiplicité des membres qui compo-
ſent la Souveraineté , pour les di-
viſer entr'eux. Ce ſeroit une méthode qui rendroit un Miniſtre
ſuſpect même à ceux qu'il croiroit
s'être attachés , ou qu'il penſeroit
avoir perſuadés. L'eſprit Republi-
cain , ou l'eſprit de liberté , qui
pour être ſolide , doit poſer ſur
l'union intérieure , ramene toujours toutes les autres affections à

ce point de ralliment Un Ministre qui auroit une fois donné dans
ce piége, ne peut plus servir son
Maître, & l'on est obligé de le retirer avec peu d'apparence d'en
tirer des services utiles dans aucune Cour, parce que cet esprit de
faction ne peut réussir en nul endroit, & que partout on le craint
également. Il est d'autres moïens de
faire les affaires de son Maître, que
celui de porter le flambeau de la
discorde, & de semer la zizanie
dans l'intérieur d'une Cour ou
d'une Nation.

L'importance d'étendre ses vues
sur l'avenir, ainsi que je l'ai dit,
porte principalement sur les cas
de changement de Maître dans le
Païs où réside le Ministre; il doit
avoir pris assés de connoissances
sur le génie & les affections du
Successeur, pour que la face de la
Cour ne soit pas pour lui un tableau nouveau.

Le Ministre n'étant que simple spectateur, il doit en ces occasions conformer sa conduite aux Loix du Païs, & porter ses respects au Successeur designé par ces mêmes Loix.



Dans les occasions où le droit de Souveraineté seroit en litige, particulierement en des Roïaumes électifs, où la division éleve quelquefois en même-tems plusieurs Autels, le Ministre doit s'abstenir de toute démarche qui supposeroit reconnoissance, jusqu'à ce qu'il ait reçû les ordres de son Maître; n'en étant que représentant, rien ne peut lui tourner à reproche; & n'étant que témoin désinteressé, ce n'est pas à lui à décider pour ou contre; c'est à chaque Nation à se déterminer sur le choix & la légitimité du Maître qu'elle veut se donner. Un des compétiteurs auroit à se plaindre de la partialité du Ministre, & s'il avoit la force

en main, il seroit en droit d'éxi-
ger sa retraite, parce qu'il agiroit
d'après un droit qu'il regarderoit
comme acquis & comme légitime.
Quand le Ministre a reçu ses instructions sur le changement arrivé
au lieu où il réside, il les exécute
comme auparavant.

C'est dans ces momens que le
Ministre a le plus à travailler, ou
pour soutenir les principes du Gouvernement précédent, s'ils sont
conformes aux interêts de son Maître, ou pour en faire adopter de
plus favorables. Il commence, pour
ainsi dire, un Ministere nouveau ;
son activité & sa vigilance doivent redoubler, jusqu'à ce que le
nouveau Gouvernement ait pris
une forme solide, & une consis-
tance sur laquelle on puisse compter de façon ou d'autre.

Souvent le Successeur prend pour
regle de blâmer, ou d'avoir pour
suspect tout ce qui a pû être agréa-

ble au précédent Gouvernement :
ensorte qu'un Ministre qui y aura
été dans une grande confidence,
& dans une intimité particuliere,
perd beaucoup lui-même, & par-
ticipe au démérite de ceux dont il
avoit la confiance & l'amitié. Jamais on ne doit trahir ses amis,
ni ceux qui nous ont aidé à bien
servir notre Maître : mais un Ministre peut, sans faire un semblable personnage, se tourner vers le
nouveau Gouvernement, & s'of- *Maximes*
frir à son amitié, proportionément *qu'il doit*
à la différence des caracteres, par *observer.*
les mêmes moïens qu'il avoit em-
ploïés pour bien mériter du Prédécesseur & de ses Favoris. Un des
plus sûrs moïens de parvenir même à tenir une place convenable
dans le nouveau tableau, est de
montrer une éxacte fidélité pour
ses anciens amis. Les hommes peu- *Bons ef-*
vent avoir entr'eux des momens *fets de la*
*fidélité*
d'humeur & d'injustice ; mais tôt *pour ses*

ou tard ils se rendent à la vérité ; & accordant leur estime aux personnes qu'ils voïent ne point manquer à la sûreté & à la fidélité, ils les jugent bien-tôt dignes aussi de leur amitié, & répondent aux avances qu'un Ministre fait pour la leur demander.

Tel est le fruit de la bonne réputation, & de cette sagesse, qui fait qu'un Ministre ne s'étant livré à aucune faction ni intrigue particuliere, est regardé comme aïant simplement suivi les canaux établis pour les affaires publiques. Ce préjugé favorable fait qu'un Ministre s'insinue plus aisément auprès du nouveau Gouvernement, & qu'il y trouve des accès faciles & avantageux, surtout quand il a eu, comme on l'a déja expliqué, l'attention de se les ménager d'avance, & sans affectation. Heureux le Souverain qui peut déposer ses interêts en de bonnes

mains! La gloire de son nom &
le bonheur de son regne en dépendent souvent.

Un Ministre public doit en général protéger tous les sujets de
son Maître quand ils le méritent
par leur conduite. Ceux qui sont
en Païs étranger, sont sous une
protection tacite du Ministre de
leur Nation, sans avoir besoin de
lui être personnellement attachés.
Il suffit qu'ils rendent les honneurs
& les devoirs dûs au représentant
du Maître commun, qu'ils s'en
fassent connoître, & que dans leur
conduite il n'y ait aucun trait qui
puisse faire rougir de la faveur qui
leur seroit accordée. Il n'y a que
trop de cette espece de gens errans
qu'on peut bien nommer vaga-
bonds, auxquels un Ministre sage
ne doit s'intéresser que pour leur
sauver des affronts ou des taches
déshonorantes, surtout s'ils appar-
tiennent à des gens qui méritent

quelque confidération ; toute autre protection plus marquée ou
plus étendue feroit tort au Miniftre lui-même ; & le mauvais ufage
qu'il feroit ainfi de fa repréfentation & de fes fuffrages, en dimi-
nueroit le poids dans d'autres occafions, où l'un & l'autre feroient em-
ploïés le plus légitimement & a-
vec le plus grand difcernement.

Le Miniftre n'a cependant par
lui-même aucun droit de contrainte ou de coaction fur ceux de fa
Nation ; il n'en peut exercer aucun immédiatement ; mais le Souverain auprès duquel il réfide, ne
refufe pas ordinairement le concours de fon autorité, quand il eft
follicité par des confidérations in-
téreffantes.

Par une fuite du même principe, le
Miniftre doit quelque fecours aux
gens de fa Nation dans les affaires
contentieufes qu'ils peuvent avoir
en païs étranger. Son caractére, à la
vérité,

*Etendue de fon autorité fur les perfonnes de fa Nation.*

vérité, ne lui permet pas de se rendre solliciteur ; mais il a d'autres moïens de marquer la protection qu'il accorde. Il doit & peut cependant agir directement, quand ce sont des affaires recommandées de la part de son Maître. Il arrive même d'ordinaire que l'on fixe sa conduite en ces occasions, en lui marquant s'il doit emploïer le nom de son Souverain. Dans les choses dont le succès peut être équivoque, on doit à cet égard être fort circonspect, pour ne pas compromettre un nom respectable. Or il est compromis indirectement, toutes les fois que l'événement ne répond pas aux désirs du Prince dont le nom a été emploïé. Un Ministre sage ne profite même que rarement du pouvoir qu'il peut avoir en pareille occasion, & préfere de parler en son nom.

Plus cette circonspection est importante, & même nécessaire,



I

plus un Ministre doit être attentif à prévenir toutes sortes d'incidens, parce qu'ils conduisent presque toujours à la nécessité de parler au nom du Maître. Les précautions les plus grandes ne mettent cependant pas toujours à l'abri de ces inconvéniens. Le Ministre est obligé de rendre compte de tout à son Maître ; mais il faut quelquefois qu'il puisse être censé ne l'avoir pas fait, afin de prévenir de trop grandes suites. Un Ministre doit surtout user de cette espéce de stratagême, quand il peut espérer d'accommoder seul une affaire qui sera survenue.



Une grande partie des incidens naît de la légereté, ou de la mauvaise conduite des Domestiques ; aussi le Ministre doit-il regarder comme un de ses principaux soins celui de veiller sur tous ceux qui composent sa maison , & de les contenir dans une exacte discipline : enforte qu'il ne fe faffe rien qui puiffe bleffer les loix du Païs, ou tendre à offenfer qui que ce foit.

On n'a pas befoin de parler ici de la régle qu'un Miniftre doit mettre dans fes affaires , enforte que vivant noblement & dans l'abondance , mais fans profufion ridicule , il ne contracte point de dettes ; elles font d'autant plus déshonorantes pour la dignité de la repréfentation , que le Miniftre étant , comme on le verra dans la fuite , à l'abri des pourfuites juridiques , la facilité à contracter des dettes peut être regardée comme un abus prémedité de cette immunité attachée au caractere public.



Les regles que l'on pourroit donner fur cela , comme fur les autres parties de la conduite particuliere du Miniftre public , font une fuite naturelle des principes que j'ai éta-

blis, en parlant des qualités nécessaires à un Ministre, & dont il
faut faire dans cet état de représentation une application, pour
ainsi dire, encore plus sévere que
dans le cours de la vie privée :
parce qu'indépendamment de ce
qu'on se doit à soi-même, on doit
beaucoup aussi à la représentation
dont on est revêtu, & dont on doit
éviter d'obscurcir l'éclat par la
moindre tache que ce puisse être.

Un Ministre ne rempliroit qu'imparfaitement ses devoirs, s'il ne
connoissoit pas tous les priviléges
de son état. Un Particulier, s'il
reste dans l'ignorance des droits
qui lui peuvent appartenir, ne pré-
judicie qu'à lui-même ; mais dans
l'état de représentation, on préju-
dicieroit à celui duquel seul elle
émane ; cette connoissance devient
la cause publique, & elle est trop
intéressante pour pouvoir être né-
gligée dans la moindre de ses parties.

Or il faut connoître ces privileges pour en jouir dans l'occasion ;
& il les faut connoître assés bien ,
pour n'en pas abuser , & ne les pas
porter au-delà de leurs justes bornes.

Il ne s'agit pas d'examiner ici ,
si les privileges attachés aux différens dégrés de représentation des
differens Princes , sont raisonnables & sensés ; ils n'ont communément d'autres titres que l'usage, ou
une pratique ancienne. A la rigueur même ils ont pû dans leur
origine être de pur caprice ; mais
dès qu'ils sont établis & consa-
crés par la pratique, il les faut soutenir. Ce n'est pas au représentant
à en rien diminuer, parce que c'est
un attribut de chaque Souveraineté , & que par conséquent ce n'est
pas un bien dont le Représentant
qui n'est que l'image du Souverain, puisse disposer en aucune maniere.

Reflexions sur les privileges attachés aux fonctions de Ministre

Le Corps des Miniſtres Etrangers dans un Païs, forme une eſpece de ſociété indépendante,
dont les membres vivent entre
eux proportionnément pour l'intimité, à la maniere dont leurs Souverains ſont enſemble; mais toujours avec politeſſe & honnêteté,
même quand les Maîtres ſont en
guerre. Conduits par des interêts
différens, & ſouvent oppoſés, ils
ont cependant tous un objet commun qui conſiſte à connoître le
païs où ils ſont, & à faire réuſſir
les vues qui leur ſont confiées. Ils
ſont liés en même-tems par une
communauté de privileges, dont
l'infraction au préjudice de l'un



devient la cauſe de tous, parce
que chaque Souverain eſt leſé dans
ſes pareils, quand même ils ne
vivroient pas bien enſemble.

Chaque dégré de repréſentation



différente eſt en ſubordination ou
ſupériorité l'un envers l'autre, &

jouït auſſi de privileges differens
dans le Païs.

Le premier dégré repréſentatif
eſt celui d'Ambaſſadeur Extraordinaire ou Ordinaire.

Le ſecond, eſt celui d'Envoïé
Extraordinaire ou Ordinaire.

Le troiſiéme, eſt celui de Réſi-
dent ; car on ne mettra point au
rang des dégrés de repréſentation
celui de Miniſtre : c'eſt un titre
vague, qui met à la vérité comme les autres, ſous la protection
du droit des gens, mais qui n'eſt
ſuſceptible d'aucun honneur particulier, diſtinct de ceux qui ſont
attachés aux autres caracteres. Ce
n'eſt qu'un titre accidentel qui naît
de la commiſſion qu'un Particulier
a d'adminiſtrer dans un Païs étranger les affaires de ſon Maître. Ce
n'eſt même que depuis peu que
l'uſage s'en eſt établi ; on l'a jugé
plus commode, parce qu'il n'aſſu-
jettit à aucun cérémonial, & parce



I iiij

dité du
titre de
Miniſtre.

qu'il peut être porté par des perſonnes de differente naiſſance,
ſans qu'on puiſſe en rougir, ou s'en
trop glorifier.

Ce qui re-
leve celui
de Pleni-
potentiai-
re.

Le titre de Plenipotentiaire n'eſt
de même cenſé qu'un titre paſſa-
ger, ſans autre décoration que le
relief attaché naturellement à un
emploi de confiance, qui ne peut
rien exiger, mais qui attire de la
conſidération & du reſpect.

La dignité d'Ambaſſadeur eſt ſi
éminente, que tous les Princes
n'ont pas le droit d'en nommer,
comme tous n'ont pas le droit
d'exiger qu'on en ait auprès d'eux.

Tous les Païs n'accordent pas
des diſtinctions ſemblables aux
Ambaſſadeurs ; mais dans chaque
Païs on accorde de plus grands
honneurs au caractere d'Ambaſſadeur, qu'à tout autre caractere.

Quoiqu'un Prince ſoit maître de
donner ce caractere éminent à qui
il veut, il eſt cependant de ſa

dignité de n'en revêtir que des gens de grande naissance, ou décorés par de grands emplois. Un Prince même auquel on envoïeroit pour Ambassadeur quelqu'un de basse extraction, ou sans aucune illustration, pourroit regarder cela même comme un manque de considération, qui rendroit l'envoi moins agréable, quoiqu'on ne pût se dispenser d'accorder à un pareil Ambassadeur les mêmes honneurs, que s'il étoit d'ailleurs distingué par la naissance, ou par les emplois ; parce que ces honneurs s'accordent au titre, & non pas à la personne.

Que la dignité du Prince est intéressée à choisir des gens de naissance pour Ambassadeurs.

Le caractere d'Ambassadeur Extraordinaire suppose seulement une commission passagere ; & il y a des Païs où l'on rend à ce titre de plus grands honneurs qu'à celui d'Ambassadeur Ordinaire.

Sur les Ambassadeurs Extraordinaires.

Il en est de même des Envoïés, qui forment le second ordre de représentation ; ceux qui sont Ex-

Sur les Envoïés Extraordinaires.

traordinaires, ont communément un traitement différent des Envoïés Ordinaires. Quoique ni l'un ni l'autre de ces deux derniers titres ne doivent point être donnés sans discernement, l'usage est cependant d'en revêtir des gens moins qualifiés, qu'on ne les choisit pour l'Ambassade, sur-tout quand on les envoïe à des Cours qui ne sont pas dans le droit de recevoir des Ambassadeurs de la part des grandes Couronnes.

Il est cependant convenable, non-seulement pour les titres d'Ambassadeurs & d'Envoïés, mais même pour le simple titre de Résident, de choisir des gens de condition, autant que l'on peut. Cela attire plus de considération personnelle. Cet état suppose une meilleure éducation, plus d'usage de vivre dans un certain cercle de bonne compagnie, & des sentimens plus élevés. Ce n'est pas qu'il ne puisse s'en

trouver dans un ordre inférieur ;
mais il faut convenir qu'ils doivent s'y trouver moins communément & moins sûrement. Autre
chose est, quand il est question de
commissions secretes & uniquement d'affaires. Alors il ne faut
chercher que l'experience & les talens ; & d'ailleurs un homme ob-
scur attire moins l'attention des
curieux, & dérobe bien plus sûrement sa marche.

*Exception à cette regle pour les commissions secretes.*

Ce qu'on vient de dire sur le
choix des personnes de quelque
considération, est absolument nécessaire pour le choix du Résident, parce que c'est le dernier des trois dégrés de représentation qu'il faut par conséquent
relever. Si d'abord les gens d'une
certaine naissance y ont quelque
répugnance ; en y attachant des
récompenses & des honneurs, on
verra bien-tôt le préjugé disparoî-
tre, & céder à la saine raison, qui

*Necessité de relever par quelques distinctions le titre de Resident.*

doit faire regarder comme très-honnête tout dégré de représentation d'un Maître qui nous commande souverainement, & auquel nous faisons sans distinction de naissance une égale profession d'obéïr.

Si ces trois dégrés de représentation reçoivent des traitemens fort différens, ils ont cependant des prérogatives communes, parce qu'elles ont leur origine dans le respect dû à la personne qui se représente par ses Ministres.

La premiere est la sûreté personnelle & celle de tout ce qui compose la maison du Ministre caracterisé.

Dès que le Ministre a été accepté par celui auprès duquel il est envoïé, & qu'il arrive dans ses Etats, il est sous la protection du droit des gens.

Comme sa maison & sa famille sont censées représenter la Nation entiere du Miniſtre, il jouit dans ſon intérieur de la même liberté que dans ſon propre Païs.

Quoiqu'il ſoit dès-lors ſous la protection du droit des gens, il ne jouit cependant pas toujours de toute l'étendue de ſes prérogatives, juſq'uà ce qu'il ait été admis par le Prince lui-même auprès duquel la remiſe des Lettres de créance acheve de dévéloper tout ſon caractere , & les effets de ce même caractere ; auſſi convient-il qu'un Ambaſſadeur ne differe cette fonction que le moins qu'il lui eſt poſſible.

Ce droit de ſûreté générale & abſolue ne diſpenſe pas le Miniſtre pour tous les actes extérieurs & pour les pratiques générales , de ſe conformer aux uſages & aux loix du Païs ; il ne l'autoriſe pas à faire rien qui puiſſe le priver de l'exercice de ſes prérogatives, parce que les diſtinctions ne ſont point établies pour donner naiſ-

En quoi les Miniſtres étrangers ſont obligés de ſe conformer aux uſages & aux loix du Païs.

fance à des abus, & qu'il ne feroit pas raisonnable, par exemple, qu'une défense commune à toute une Nation fans exception, ne le fût pas auffi au Miniftre étranger en tout ce qui eft acte extérieur, ou pratique étrangere à l'objet du caractere.

Cette sûreté a ses bornes même pour l'intérieur. Car bien qu'on ne puiffe exercer aucune violence contre un Miniftre public, qui effectivement n'eft jufticiable que de fon Souverain naturel : il y a des cas majeurs dans lefquels les voïes de contrainte font permifes, fi elles font néceffaires pour empêcher des intrigues ou des complots dangereux que formeroit un Miniftre étranger. On ne peut pas l'arrêter, mais on peut l'obliger à fe retirer & le faire même accompagner jufqu'à la Frontiere : ce qui n'eft pas un acte de violence, mais feulement de contrainte.

Les personnes qui font vraïe-
ment du corps de la maifon du Miniftre caracterifé, doivent jouir
auffi de la même sûreté que lui,
enforte qu'on ne peut ni les arrêter, ni les infulter, parce qu'ils ne
font jufticiables que du Miniftre :
mais la qualité de Miniftre ne doit
point autorifer l'impunité en faveur de ceux qui le fervent ; & fi
à la rigueur, le Miniftre étranger
ne peut pas être forcé de châtier, il
n'eft pas moins vrai qu'il abuferoit
de fon caractere s'il ne le faifoit
pas. C'eft auffi tout ce qu'on peut
demander & attendre du Miniftre,
fans pouvoir exiger de lui qu'il livre l'accufé. Il peut l'abandonner,
& le faire chaffer de fa maifon. Le
coupable alors ne peut pas en re-
clamer l'immunité, & la Juftice
publique rentre dans l'exercice de
tous fes droits. Cela eft conftant
& doit être furtout décidé pour
un naturel du Païs, qui n'eft

Comment ils en doivent ufer à l'égard des perfonnes de leur maifon.

qu'accidentellement au service d'un Miniſtre ; car on trouveroit de la cruauté & de l'irrégularité à un Miniſtre de livrer un homme de ſa Nation à la Juſtice du Païs où il réſide : à moins que ce ne fût pour quelqu'un de ces crimes capitaux pour leſquels toutes les Nations ont établi des punitions égales.

Le Miniſtre caractériſé peut conjointement avec ſon Domeſtique profeſſer dans l'intérieur de ſa maiſon, ſa Religion naturelle, quand même elle ſeroit défendue dans le Païs où il réſide ; mais il ne peut pas en faire une profeſſion publique, ni appeller à ſon culte des Sujets du Prince auprès duquel il eſt envoïé, & qui eſt en plein droit de les faire arrêter, ( ſi c'eſt la loi du Prince ou du Païs ) non dans la maiſon du Miniſtre, mais avant que d'y entrer ou après en être ſortis. Le Miniſtre par l'abus de ſes privileges,

A quoi un Miniſtre doit borner l'exercice de ſa Religion.

privileges , attireroit contre lui de
juftes fujets de plaintes , de même
que par tous autres moïens qu'il
emploïeroit pour mettre à couvert
ceux qui pour des cas pareils feroient jufticiables de leur Souverain. En effet, comme un Miniftre
ne doit rien faire contre les loix
générales du Païs où il réfide , il
ne peut pas non plus légitimement
aider les Sujets naturels de ce Païs
à s'y fouftraire. C'eft jetter le trouble dans un Peuple ; & nul privilege n'en donne le droit.

Par la même raifon que la perfonne du Miniftre eft en sûreté
fous la protection du droit des
gens ; fa maifon jouit auffi d'une
entiere immunité : enforte qu'on
ne peut y entrer par force , & que
la Juftice ordinaire n'y peut aborder ; mais il y a plus d'un exemple
qu'on a donné quelquefois trop
d'étendue à cette immunité , qui
doit avoir fes bornes.

Sur les juftes bornes des immunités.

K.

Un Ministre prévariqueroit, qui feroit, pour ainsi dire, trafic de ce droit;

Ou qui provoqueroit tout le monde sans distinction à en jouir;

Ou qui accorderoit l'azile à des gens coupables de crimes capitaux, pour les souftraire à la Justice ordinaire,

Qu'un homme dans quelque cas malheureux s'y réfugie, rien de plus simple & de plus autorisé ; mais la maison d'un Ministre caracterisé doit plus que toute autre , être le séjour de la vertu , & servir d'exemple pour la pratique des regles de justice & d'équité.

Les Ministres ont encore dans presque tous les Païs des franchises pour ce qui vient du dehors à leur usage , ou à celui de leur maison. Les Ambassadeurs plus que les Envoïés , à cause de la distinction de leur caractere. Un Ministre doit soutenir ces franchises ,

Reflexions sur les franchises.

mais il doit dans la jouissance de ce droit, être très-attentif à ce que l'on ne puisse pas abuser de son nom, pour autoriser la fraude, au préjudice des droits du Prince auprès duquel il réside. Il est encore bien plus répréhensible quand il y donne lieu lui-même. Si ces franchises ont diminué en quelques Païs, cette diminution n'est venue que de l'abus qu'en ont fait ou laissé faire des Ministres assûrement bien peu dignes de ce titre respectable. La négligence, ou une ridicule complaisance laisse introduire l'abus. L'esprit d'intérêt y fait prendre part. Le Ministre devroit sçavoir grand gré à quiconque l'avertiroit de l'abus qui se commettroit sous son nom, & c'est le cas où il doit permettre que la justice ordinaire y pourvoïe contre ceux qui pourroient être surpris en contravention. Le caractere public & son immunité sont à couvert, quand c'est du consentement du Ministre que s'exerce un châtiment, qui sans son aveu seroit une dérogation à ses privileges.

Que les privileges ne sont point inséparables des fonctions du Minis-tre.

Les privileges d'un Ministre public ne sont pas tellement dépendans de l'exercice de ses fonctions, qu'ils en soient inséparables ; car dans le cas dont on va parler, où l'activité du Ministere public se trouve en suspens, les effets du droit des gens , comme la sûreté de la personne & l'immunité de la maison , ne subsistent pas moins , parce que les privileges ne peuvent cesser que par la révocation formelle , ou par la cessation du titre auquel ils sont attachés.

Circons-tancesqui suspen-dent l'ac-tivité des fonctions d'unMi-nistre.

Deux cas mettent en suspens l'activité du Ministre public ; la mort du Souverain auprès duquel il reside , & celle du Prince qu'il représente ; même quand le Prince qui Succede est successeur forcé &

néceſſaire, il faut que le Miniſtre ait de nouvelles Lettres de créance pour rentrer dans toutes ſes fonctions accreditées. Le défaut de nouvelles Lettres de créance pourroit & feroit ſuppoſer que le Succeſſeur ne feroit pas reconnu par le Prince que le Miniſtre repréſente, enſorte qu'il faut une nouvelle autoriſation. Ce principe eſt dans la rigueur la plus grande. Car dans la pratique on ne regarderoit pas comme moins digne d'attention ce qu'un Miniſtre diroit avant que de recevoir ſes nouvelles Lettres de créance, parce que l'autorité d'où a émané ſon pouvoir ſubſiſte, & ne ſouffre point par la mort du Prince auprés duquel le pouvoir avoit été donné.

Autre choſe eſt dans le cas de la mort du Prince repréſenté; car alors il eſt certain que le Miniſtre ne fait que jouir, comme on l'a dit, des privileges de ſon état qui n'eſt pas révoqué ; mais il n'a plus de pouvoir. Il reſte bien ſans interruption Miniſtre de ſa Nation, & c'eſt à ce titre qu'il jouit des privileges , & des effets du droit des gens ; mais il lui manque , pour pouvoir agir valablement , l'autoriſation que le ſeul Chef de la Societé , ou la ſeule Societé qu'il repréſente , peut donner. Et en effet il eſt raiſonnable de douter ſi le Miniſtre ſera continué , ſi ſes démarches & ſes propos ſeront avoués , ſi les principes du Gouvernement n'ont point changé par la mort du Chef , comme ſouvent il arrive que le changement des perſonnes en apporte de grands dans le maniment des intérêts d'Etat. Un Miniſtre ſeroit donc blâmable qui hazarderoit dans cet intervale certaines choſes qui pourroient engager le ſucceſſeur , ou lui être à charge ; parce qu'il s'expoſeroit à un déſaveu. Et

il ne pourroit regarder que comme
un évenement heureux pour lui,
mais purement gratuit, si malgré
le défaut de pouvoir il parvenoit
à obtenir de la Cour auprès de
laquelle il résideroit, des avantages pour sa Nation. C'est sur
cette différente nature de choses à
faire que le Ministre doit se décider
pour entrer dans une totale inaction, ou pour y mettre des bornes.

Quand le Ministre a reçu ses
nouvelles Lettres de créance, il re-
prend naturellement toute son au-
torisation, sans aucun autre cérémonial que celui de les présenter,
en les accompagnant du langage
qui lui est prescrit, & qui annonce ordinairement les principes du
nouveau Gouvernement, ou qui
est conforme à ce qu'on sçait de
ceux du Gouvernement auquel on
s'adresse.



Telles sont à peu près les différentes situations qui s'offrent dans

K iiij

la carriere que l'on vient de parcourir.

Devoirs
du Minis-
tre en
quittant
une Cour
en liai-
son avec
celle de
son Maî-
tre.

Quand le Ministre est sur le
point de revenir auprès de son
Maître, s'il n'y a point de raisons
de mésintelligence qui le mettent
dans la nécessité de partir sans
prendre congé, il remplit à peu
près les mêmes fonctions & les
mêmes devoirs qu'au tems de son
arrivée ; il présente ses Lettres de
créance ; il prend congé du Prince, le remercie de ses bontés personnelles, s'il en a éprouvé ; il lui
parle conformément à la situation
dans laquelle se trouvent les affaires au moment de son départ. Il
voit les Ministres, il s'assure de
leurs sentimens, il les y confirme.
Il se ménage des occasions & des
moïens d'entretenir quelque correspondance utile. Il voit les Ministres étrangers dans le même ordre qu'il les a visités d'abord, si ce
sont les mêmes & si leur caractere

n'a pas changé, après quoi il part dans le tems qui lui est permis, ou prescrit.

Comme il n'est pas sûr qu'un Ministre, malgré les talens qu'il peut avoir, réussisse également bien en tous genres de commission, ses succès doivent déterminer à ne le pas retirer legerement du Païs où il réside ; & il est de la sagesse du Gouvernement, pour prolonger son séjour, de l'indemniser de ce que son absence & son éloignement pourroient lui porter de préjudice par raport à ses affaires domestiques.





Lors cependant qu'il y a des cas d'une nécessité absolue, dans lesquels tous les bienfaits du Souverain ne pourroient pas, pour ainsi dire, indemniser de l'absence, il est de sa bonté de laisser revenir un Ministre dont il a une entiere satisfaction.



Dans ces occasions, il seroit

Précaution utile à prendre en relevant un Ministre.

Devoirs mutuels du successeur & du prédécesseur.

très-heureux de pouvoir envoïer quelque tems d'avance le successeur sur les lieux, afin qu'il pût se former sur de bons exemples, voir par lui-même le genre de conduite qui réussit le mieux, connoître les amis que son prédécesseur a formés & cultivés, acquérir leur confiance, la mériter, prendre une connoissance exacte des affaires & des hommes. Le successeur ne doit point rougir de paroître devoir quelque chose aux instructions de celui qui l'a précédé ; & le prédécesseur de son côté ne doit point avoir la criminelle jalousie qui l'empêcheroit de donner à celui qui le remplace les moïens de réussir aussi bien que lui.

Or quelque bonne relation qu'un Ministre, à son retour, puisse donner du Païs où il a résidé, son successeur n'en saisit jamais aussi bien l'esprit, que quand il a lui-même été sur les lieux, & qu'il y a vû opérer.

L'intervalle qui se trouve entre le départ de l'un, & l'arrivée de l'autre, cause quelquefois un grand vuide ; la scéne change sans qu'on en soit témoin ; des préventions s'établissent sans qu'on soit à portée de l'empêcher ; des amis se refroidissent, parce qu'on ne les a pas pû cultiver, & soutenir par le canal du Ministre en qui ils avoient confiance. Le tems que l'on emploie à connoître le successeur, s'il n'est pas connu avant que d'être emploïé lui-même, est un tems perdu pour les affaires, & pour le service du Maître. Souvent même le successeur se fait un principe de marcher sur des erremens opposés à ceux qu'a suivis celui qui l'a précédé, quand il n'a pas été obligé, par sa propre expérience, de reconnoître & d'avouer la bonté d'un systême qu'alors il ne peut pas se dispenser de suivre. Or tout changement de conduite & de princi-

pes est la perte indubitable des affaires, quand il ne naît pas forcé-
ment des affaires mêmes.

Détail des devoirs & de la conduite d'un Ministre quand il est de retour auprès de son Maître.

Quoiqu'un Ministre ait, conformément à son devoir, rendu
compte exactement à son Maître
de tout ce qui a pû venir à sa connoissance, il y a cependant une infinité de faits qui échapent, &
beaucoup d'anecdotes que l'on n'a
pas pû détailler, ou que l'on n'a
pas crû nécessaire de déveloper.
C'est à quoi un Ministre rendu à
lui-même doit suppléer, soit dans
ses conversations avec les Ministres de son Maître, ou par des relations bien détaillées & dressées
à loisir ; il doit y tracer une espéce
de tableau général, dans lequel
tous les objets soient si distincts &
si bien représentés au vrai, que le
Gouvernement puisse, selon la nécessité, retrouver ceux dont il peut
avoir besoin, & les connoître si
bien, qu'il n'en fasse qu'un usage

afluré. Les connoiffances qu'un
Miniftre a acquifes dans le cours
de fa miffion, ne font point un
bien qui lui appartienne; c'eft le
bien de fon Maître, puifqu'elles
ne peuvent avoir d'ufage ni d'application qu'aux affaires générales; & le Miniftre hors d'emploi
doit toujours les voiler aux yeux
du Public, comme un fanctuaire
où tout eft facré. C'eft par cette
raifon qu'il n'en doit rien cacher
à fon Maître, & qu'il lui doit, ex-
clufivement à tous autres, toutes
les penfées & les idées que peut
lui fuggérer fon expérience perfonnelle. Le Public ordinairement
curieux fans utilité pour l'Etat,
taxera peut-être cette délicateffe
de fcrupule ridicule & de fecret
inutile, au lieu de refpecter une
difcrétion dont la probité & l'a-
mour de l'Etat font les principes :
mais un Miniftre doit fe défendre
intérieurement d'un piége contrai-

re aux devoirs de son état , & d'autant plus dangereux , que l'amour
propre & l'envie de paroître , après
y avoir conduit insensiblement ,
font trouver une satisfaction ap-
parente à y être tombé.

Or, bien que l'état de Négociateur paroisse une chose totalement
passagere ; cependant comme les
premiers succès sont un titre pour
être emploïé dans de nouvelles
Commissions , un Ministre se doit
regarder , même dans ses momens
de repos , comme consacré pour
toujours à un service particulier ,
dont les obligations doivent sans
cesse lui être présentes, & faire l'objet de ses études, comme la régle de
ses conversations, & de ses démarches. Car , ne nous y trompons
pas , ce n'est que la réflexion qui
forme les hommes , surtout ceux
qui sont destinés à la négociation.
Cette méditation devient bien
plus utile pour l'avenir , quand

une premiere expérience peut lui
servir de guide ; au lieu que le
Ministre perdant nécessairement
beaucoup de ses talens , s'il ne les
cultivoit pas , & s'il s'abandon-
noit à une vie d'oisiveté intérieure & extérieure , la réputation de
ses premiers succès parleroit contre lui-même , & ne rendroit que
plus sensible la différence du second, au premier âge de sa vocation.

On ne peut donc trop exhorter
ceux qui sont une fois entrés dans
cette carriere difficile , à s'entretenir dans l'usage de toutes les choses qui peuvent y soutenir leurs
succès , & couronner les premiers
par de nouveaux encore plus bril-
lans. La maniere dont on paroît
dans cette carriere est satisfaisante
personnellement ; l'objet en est extrêmément important à l'Etat ; &
les récompenses en sont presqu'in-
dubitables , pour qui sçait joindre
la persévérance aux talens.

Quelqu'effraïant que puisse paroître au premier coup d'œil le tableau que l'on vient de tracer, de tout ce qui est nécessaire pour former un Negociateur : il ne faut pas désespérer d'en pouvoir approcher assés pour bien servir son Maître, & pour acquerir de la réputation. Rien de ce qui peut dépendre des opérations de l'esprit, n'est physiquement impossible à l'homme ; & comme il y a trop de présomption à ne douter de rien, il y a aussi souvent du défaut de courage, ou un goût de paresse à avoir de soi-même une défiance qui empêche d'entreprendre, & d'essaïer l'usage des dispositions que l'on doit à la nature, & des talens que l'on peut avoir acquis.

Maniere dangereuse de se juger. Or, il est rare que les hommes se jugent en pareille occasion autrement que par le défaut naturel. Les uns, comme ceux qui sont braves, quand ils ne voient pas le danger,

danger, ne trouvent rien de difficile, ils entreprennent tout, & ne
connoissent ordinairement l'écueil
que par leur naufrage. On a déja par-
lé de cette espéce de gens comme
d'une espéce très-dangereuse pour
les affaires. D'autres ont un fonds
de paresse qu'ils consultent uniquement, & qui les empêche de se
livrer au travail, & souvent cet
engourdissement d'esprit est hono-
ré du nom de modestie. Ces sortes
de génies ne conviennent point
non plus aux affaires, parce qu'ils
sont susceptibles de beaucoup des
défauts qu'on a marqués être un
obstacle au succès des Negociations.

Il n'y a personne qui naisse avec
une incapacité décidée pour aucun genre de connoissances; il peut
seulement y avoir differens dégrés, Qu'il
& c'est cette difference qui se dé- faut s'é-
couvre par la premiere épreuve prouver
pour se
que l'on fait de soi-même; heu- connoître.

reux quand elle est proportionnée
aux forces de celui qui s'essaïe. On
a quelquefois des succès favorables
qu'on ne doit qu'au hazard ; il faut
les exclurre de l'examen que l'on
fait de ses forces éprouvées. Il y en
a de malheureux qu'on ne peut
pas justement se reprocher, & ceux-
là ne doivent point contribuer à
augmenter la défiance de soi-même. Mais quand un homme se rendant de bonne foi compte de lui à
lui-même n'a que des témoigna-
ges satisfaisans à se rendre , il seroit extrêmement repréhensible de
renoncer aux occasions de se per-
fectionner par de nouvelles épreuves de negociation. Il doit au contraire en finissant une carriere se
préparer à une nouvelle par une
étude suivie des choses qui y sont
propres ; ensorte qu'il soit en état
de répondre au choix de son Maître , & de s'acquiter envers sa Patrie , en la servant.

En effet la premiere fois que l'on s'engage dans la carriere de la negociation, on n'a pas une forte de sûreté que l'on foit déterminément propre au genre d'affaires que l'on entreprend ; au lieu que l'examen que l'on fait de fang froid des différentes époques d'une premiere miffion, indique néceffairement à quelles commiffions on convient mieux, & quelle efpéce d'étude on a befoin de faire pour fuppléer à ce qui peut manquer. Tel eft véritablement le fruit de l'expérience que la feule méditation peut produire ; car beaucoup de gens après une longue fuite d'affaires n'en ont pas réellement plus d'experience que le premier jour, parce qu'ils ont traité les affaires à peu prés comme de certaines gens lifent des volumes avec une rapidité, & une diftraction qui ne laiffent aucune trace dans le cerveau. Or rien n'eft fi ordinaire dans le cours de la vie,

L ij

Fruit de l'experience.

que de voir des personnes pour lesquelles tous les livres qu'elles ont lûs pourroient encore être nouveaux ; ou si la mémoire les a bien servies, le repos dans lequel sont restées les operations du jugement n'a produit qu'un travail inutile. L'avantage de ce qu'on nomme la memoire est une chose absolument idéale, & un être de raison, si la reflexion n'a point appris à faire une heureuse application de ce que l'on a retenu. C'est par cette raison qu'on ne l'a pas comprise distinctement au nombre des qualités nécessaires aux Negociateurs, parce qu'on ne connoît de memoire sûre que celle qui naît des operations de l'esprit ou du jugement. Et jamais en effet on n'oublie ce sur quoi on a medité profondément. La nécessité de la memoire est donc indiquée implicitement dans ce qu'on a dit sur les autres qualités de l'esprit, quoiqu'on n'en ait pas fait une mention expresse.

Puisse ce discours, dans un tems où les portes du Temple de Janus vont être fermées, contribuer à ce qu'elles ne soient ouvertes de long-tems, en inspirant assés le goût de la negociation, pour que l'on apprenne à faire réussir par cette voie permise, les desseins justes & raisonnables que l'on expose quelquefois trop legerement aux hazards de la guerre! Et puisse l'éclat inséparable de la pratique des grands talens succeder à la gloire des armes, & soutenir les Lauriers qu'elles ont moissonnés. 

## PRIVILEGE DU ROY.

LOUIS par la grace de Dieu, Roy de France & de Navarre : A nos amez & féaux Conseillers, les Gens tenans nos Cours de Parlement, Maîtres des Requêtes ordinaires de notre Hôtel, Grand Conseil, Prevôt de Paris, Baillifs, Sénéchaux, leurs Lieutenans Civils, & autres nos Justiciers qu'il appartiendra : SALUT. Notre bien amé JEAN-LUC NION fils, Libraire à Paris, Nous ayant fait remontrer qu'il souhaiteroit faire imprimer, & donner au Public *L'Arcadie de Jacques Sannazar, & Discours sur l'Art de Négocier*, s'il Nous plaisoit lui accorder nos Lettres de Privilege sur ce nécessaires : offrant pour cet effet de les faire imprimer en bon papier & beaux caracteres, suivant la feüille imprimée & attachée pour modèle sous le contrescel des Présentes. A CES CAUSES, voulant traiter favorablement ledit Exposant; Nous lui avons permis & permettons par ces Présentes de faire imprimer lesdits Livres ci-dessus spécifiez, en un ou plusieurs Volumes, conjointement ou séparement, & autant de fois que bon lui semblera, sur papier & caracteres conformes à ladite feüille imprimée & attachée sous notredit contrescel, & de les vendre, faire vendre & débiter par tout notre Royaume pendant le tems de neuf années consecutives, à compter du jour de la datte desdites Présentes. Faisons défenses à toutes sortes de personnes, de quelque qualité & condition qu'elles soient, d'en introduire d'impression étrangere dans aucun lieu de notre obéissance,

comme aussi à tous Libraires, Imprimeurs & autres, d'imprimer, faire imprimer, vendre, faire
vendre, débiter, ni contrefaire lesdits Livres ci-
dessus spécifiez en tout ni en partie, ni d'en faire
aucuns Extraits, sous quelque prétexte que ce
soit, d'augmentation, correction, changement
de titre ou autrement, sans la permission expresse
& par écrit dudit Exposant, ou de ceux qui auront droit de lui, à peine de confiscation des Exemplaires contrefaits, de trois mille livres d'amende
contre chacun des contrevenans, dont un tiers à
Nous, un tiers à l'Hôtel-Dieu de Paris, l'autre
tiers audit Exposant, & de tous dépens, domma-
ges & intérêts; à la charge que ces Présentes seront enregistrées tout au long sur le Registre de
la Communauté des Libraires & Imprimeurs de
Paris, & ce dans trois mois de la datte d'icelles;
que l'impression desdits Livres sera faite dans notre
Royaume, & non ailleurs, & que l'Impétrant se
conformera en tout aux Reglemens de la Librai-
rie, & notamment à celui du dix Avril mil sept
cens vingt-cinq, & qu'avant que de les exposer en
vente, les Manuscrits ou Imprimez qui auront
servi de copie à l'impression desdits Livres, seront
remis dans le même état où les Approbations y auront été données, ès mains de notre très-cher &
féal Chevalier le Sieur Daguesseau, Chancelier
de France, Commandeur de nos Ordres; & qu'il
en sera ensuite remis deux Exemplaires de chacun dans notre Bibliothèque publique, un dans
celle de notre Château du Louvre, & un dans
celle de notre-dit très-cher & féal Chevalier le
Sieur Daguesseau, Chancelier de France, Commandeur de nos Ordres; le tout à peine de nul-
lité des Présentes: Du contenu desquelles vous

mandons & enjoignons de faire joüir l'Exposant
ou ses ayant cause, pleinement & paisiblement,
sans souffrir qu'il leur soit fait aucun trouble ou
empêchement. Voulons que la copie desdites
Présentes, qui sera imprimée tout au long au
commencement ou à la fin desdits Livres, soit
tenuë pour duëment signifiée, & qu'aux copies
collationnées par l'un de nos amez & féaux Conseillers Secretaires foi soit ajoutée comme à
l'Original. Commandons au premier notre Huis-
sier ou Sergent de faire pour l'execution d'icelles tous Actes requis & nécessaires, sans demander autre Permission, & nonobstant clameur de
Haro, Charte Normande & Lettres à ce contraires : Car tel est notre plaisir. Donné à Versailles le vingt-uniéme jour de Juin, l'an de grace
mil sept cent trente-sept, & de notre Regne le
vingt-deuxiéme. Par le Roi en son Conseil.

### SAINSON.

*Regiftré fur le Regiftre neuf de la Chambre
Royale des Libraires & Imprimeurs de Paris, N°.
479. Fol. 450. conformément aux anciens Reglemens, confirmez par celui du 28. Février 1723.
A Paris le premier Juillet 1737.*

G. MARTIN, *Syndic.*

---

De l'Imprimerie de la Veuve P. DU-MESNIL.